Inteligência artificial
aplicada a negócios

inter
saberes

# Inteligência artificial aplicada a negócios

Marcio José das Flores
Alexandre Leal Bess

**inter saberes**

Rua Clara Vendramin, 58 . Mossunguê
CEP 81200-170 . Curitiba . PR . Brasil
Fone: (41) 2106-4170
www.intersaberes.com
editora@intersaberes.com

**Conselho editorial**
Dr. Alexandre Coutinho Pagliarini
Drª. Elena Godoy
Dr. Neri dos Santos
Mª. Maria Lúcia Prado Sabatella

**Editora-chefe**
Lindsay Azambuja

**Gerente editorial**
Ariadne Nunes Wenger

**Assistente editorial**
Daniela Viroli Pereira Pinto

**Preparação de originais**
Giovani Silveira Duarte

**Edição de texto**
Millefoglie Serviços de Edição
Tiago Krelling Marinaska

**Capa**
Iná Trigo (*design*)
davooda/Shutterstock (imagem)

**Projeto gráfico**
Bruno Palma e Silva

**Diagramação**
Andreia Rasmussen

**Designer responsável**
Iná Trigo

**Iconografia**
Regina Claudia Cruz Prestes
Maria Elisa Sonda

---

**Dados Internacionais de Catalogação na Publicação (CIP)**
**(Câmara Brasileira do Livro, SP, Brasil)**

Flores, Marcio José das
  Inteligência artificial aplicada a negócios / Marcio José das Flores, Alexandre Leal Bess. -- 1. ed. -- Curitiba, PR : Editora Intersaberes, 2023.

  Bibliografia.
  ISBN 978-85-227-0500-9

  1. Inteligência artificial 2. Negócios I. Bess, Alexandre Leal. II. Título.

23-148332                                                    CDD-006.3

**Índices para catálogo sistemático:**
1. Inteligência artificial    006.3
        Eliane de Freitas Leite – Bibliotecária – CRB 8/8415

Foi feito depósito legal.
1.ª edição, 2023.

Informamos que é de inteira responsabilidade dos autores a emissão de conceitos.

Nenhuma parte desta publicação poderá ser reproduzida por qualquer meio ou forma sem a prévia autorização da Editora InterSaberes.

A violação dos direitos autorais é crime estabelecido na Lei n. 9.610/1998 e punido pelo art. 184 do Código Penal.

# sumário

prefácio, 13

como aproveitar
ao máximo este livro, 15

apresentação, 19

## 1
## Inteligência artificial: contexto histórico, conceitos e definições, 23

1.1 Conceito de inteligência artificial, 24

1.2 Contexto histórico e evolução da IA, 25

1.3 Áreas de pesquisa e aplicações da IA, 29

1.4 Planejamento da utilização da IA em um negócio, 34

1.5 Resolução de problemas de negócios com a IA, 37

# 2
## A aplicação da inteligência artificial no mundo dos negócios, 41

2.1 O que os dados informam sobre o negócio, 44
2.2 Como desenvolver algoritmos de IA e de *machine learning* na empresa, 46
2.3 Aprendizado de máquina, 57
2.4 Linguagens para análise e modelagem de dados, 68
2.5 Plataformas e aplicativos para análise e modelagem de dados, 71

# 3
## Aprendizado de máquina e IA: aprofundamento, 75

3.1 Conhecimentos avançados no aprendizado de máquina, 76
3.2 Dilemas éticos da IA, 81
3.3 PLN, 85
3.4 Visão computacional, 85
3.5 Compreensão e visualização do conhecimento, 92
3.6 Ferramentas básicas para visualização da informação, 96

# 4
## Geração de valor para o negócio, o mercado e a sociedade, 103

4.1 Trabalhadores do conhecimento e sociedade da informação, 105
4.2 Usando IA na sociedade do conhecimento, 107
4.3 Estratégias para usar IA na empresa, 112
4.4 Machine Learning Canvas, 117
4.5 Artificial Intelligence Project Canvas, 122

# 5
## Como a inteligência artificial está mudando os negócios, o mercado e a sociedade, 127

5.1 Como a IA tem sido usada pelas empresas, 129

5.2 Inteligência aumentada, 140

5.3 Computação cognitiva, 143

5.4 Aplicações de inteligência cognitiva no meio organizacional, 146

# 6
## Estratégias para uso da inteligência artificial em empresas do Brasil e do mundo, 153

6.1 Como as organizações no Brasil estão investindo em IA, 157

6.2 Cenário internacional do uso de IA, 161

6.3 *Startups* baseadas em IA, 164

6.4 Oportunidades que a IA oferece para o ambiente de negócios, 169

considerações finais, 179

lista de siglas, 183

referências, 185

sobre os autores, 189

A Deus, que sempre esteve presente nos momentos mais difíceis. À busca dos ideais, objetivo da vida e fonte de inspiração e força, a qual jamais se esgota nem se deixa esmorecer mesmo diante do mais difícil obstáculo.

Agradecemos a Deus pelo amparo, pela proteção e pela força que a fé nos permitiu ter durante todo o desenvolvimento desta jornada.

À família, pelo suporte e pela compreensão de que a ausência não é omissão tampouco perda: é dedicação em busca de conhecimento, cultura, educação e aprimoramento contínuo para a realização pessoal, a qualidade de vida e o profissionalismo.

A nossos pais, por todos os momentos de amor, pela confiança, pelo apoio e por tudo o que ensinaram: o que temos e fazemos agora é fruto de tudo isso.

Aos amigos e colegas, que pacientemente despenderam seu tempo e conhecimento em longas leituras e conversas para enriquecer o conteúdo desta obra.

Agradecemos, por fim, o apoio de todos aqueles que, de alguma forma, contribuíram para o desenvolvimento deste trabalho.

# prefácio

Neste livro, os autores abordam, de forma bastante ampla, a inteligência artificial (IA) e seu impacto para a sociedade e os negócios. Os conceitos são formulados e apresentados de forma bastante rica, objetiva e com muitos exemplos práticos.

No mundo atual, a IA não está confinada ao mundo da tecnologia. Quando a empresa pode dar uma resposta a um cliente, aprovar ou rejeitar um relacionamento, bem como prescrever algo baseado na indicação de um algoritmo de IA, fica evidente que se trata de uma questão social e organizacional. As empresas precisam estar preparadas tanto para explorar o potencial dessas tecnologias quanto para responder aos clientes, mercados e reguladores sobre as ações que foram baseadas direta ou indiretamente em resultados de modelos de IA. Nesse sentido, é fundamental saber como a IA pode ser aplicada, diferentes abordagens e algoritmos, bem como suas limitações. Estamos nos referindo a conceitos essenciais não apenas para o corpo técnico, mas também para administradores e gestores.

Esse é um campo de estudos bastante vasto, que emerge da convergência de diversas disciplinas, com aplicações das mais variadas, além de estar em constante evolução. Novas abordagens e técnicas surgem a todo momento, em uma infinidade de novos cenários. Então, a pergunta que surge é: por onde começar?

O que torna este livro excepcional para empreendedores, administradores e estudantes é que os autores conseguem organizar tamanha diversidade de temas de forma lógica, sempre se pautando pelos desafios e impactos para os negócios. Ao longo da introdução dos conceitos e exemplos práticos, os autores propõem uma reflexão sobre como tratar o tema nas empresas.

Logo no início, o(a) leitor(a) encontra um contexto histórico sobre a evolução da IA, já com diversos casos práticos que tornam a leitura bastante leve, mas com o cuidado de fornecer os conceitos e referências históricas. Os autores seguem esclarecendo como são resolvidos os problemas de IA, descrevendo os passos para treinar, avaliar e otimizar os algoritmos, além de ferramentas disponíveis para aplicar a IA em uma empresa. Em seguida, introduzem as diversas abordagens e algoritmos que são usados para cada tipo de problema. Por fim, voltam a dialogar com o(a) leitor(a) sobre como aplicar a IA no contexto organizacional, sobre a necessidade de manter o cliente no centro das decisões e sobre como é importante entender e definir um modo de análise mais adequado para gerar valor a uma marca e empresa, de acordo com a estratégia.

O(A) leitor(a) encontrará neste livro não apenas um guia bastante completo e rico em exemplos sobre como usar as novas tecnologias a favor de seu negócio, mas também inspiração para refletir sobre seus empreendimentos à luz do potencial da IA.

*Marcelo Loyola Stival*
*Mestre em Informática pela Universidade Federal do Paraná*

# como aproveitar ao máximo este livro

Empregamos nesta obra recursos que visam enriquecer seu aprendizado, facilitar a compreensão dos conteúdos e tornar a leitura mais dinâmica. Conheça a seguir cada uma dessas ferramentas e saiba como elas estão distribuídas no decorrer deste livro para bem aproveitá-las.

## Conteúdos do capítulo
Logo na abertura do capítulo, relacionamos os conteúdos que nele serão abordados.

## Após o estudo deste capítulo, você será capaz de:
Antes de iniciarmos nossa abordagem, listamos as habilidades trabalhadas no capítulo e os conhecimentos que você assimilará no decorrer do texto.

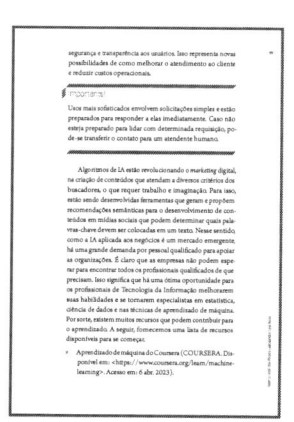

## Importante!
Algumas das informações centrais para a compreensão da obra aparecem nesta seção. Aproveite para refletir sobre os conteúdos apresentados.

## Preste atenção!

Apresentamos informações complementares a respeito do assunto que está sendo tratado.

## Fique atento!

Ao longo de nossa explanação, destacamos informações essenciais para a compreensão dos temas tratados nos capítulos.

# apresentação

Desenvolvemos este livro buscando desvendar o que é *inteligência artificial* (IA) e quais são suas diversas aplicações no mundo dos negócios em um contexto atual, destacando formas e oportunidades para que você, leitor(a), a utilize na empresa em que atua, a fim de obter ganhos expressivos usando novas abordagens intuitivas.

Neste livro, apresentaremos as diferentes técnicas de IA, modelos e algoritmos que podem ajudá-lo a alcançar resultados para sua empresa. Para isso, estruturamos esta obra considerando três conceitos-chave para sua aplicação no mundo dos negócios: 1) tecnologia; 2) processos organizacionais para a utilização da inteligência artificial; e 3) pessoas, seus papéis e sua importância para o desenvolvimento das aplicações de IA. Essas informações ajudam os líderes de negócios e de áreas técnicas a conhecer e aplicar o aprendizado de máquina para antecipar e prever o futuro em suas indústrias.

Quanto à organização, no Capítulo 1, apresentamos uma abordagem inicial sobre a IA, abordando seu contexto histórico, seus conceitos e suas definições. Em seguida, no Capítulo 2, clarificamos o que é a IA e como iniciar seu uso no mundo dos negócios. No Capítulo 3, aprofundamos o conhecimento sobre o aprendizado de máquina, o processamento de linguagem natural (PLN) e a visão computacional, além dos dilemas éticos emanados do uso da IA. A partir do Capítulo 4, discutimos, de forma funcional, maneiras de aplicar a IA para gerar valor aos negócios, aos mercados e à sociedade. Desdobrando essa criação de valor, explicamos, no Capítulo 5, como a IA está mudando o mundo dos negócios por meio dos novos conceitos de "computação cognitiva" e "inteligência aumentada". Finalizando esta obra, comentamos, no Capítulo 6, algumas estratégias e oportunidades para o uso da IA em empresas do Brasil e do mundo.

# capí-
# tulo 1

Inteligência artificial: contexto histórico, conceitos e definições

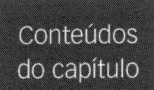

**Conteúdos do capítulo**

» Contexto, aplicações e impactos da inteligência artificial (IA).

Após o estudo deste capítulo, você será capaz de:

1. compreender os conceitos e as origens da IA;
2. perceber as aplicações da IA em práticas do dia a dia;
3. compreender os impactos da IA nos negócios.

## 1.1 Conceito de inteligência artificial

O termo *inteligência artificial* designa um conjunto de princípios tecnológicos, *softwares*, métodos e disciplinas filosóficas que capacita os computadores a realizar funções entendidas até então como exclusivas do pensamento humano, entre elas perceber o significado da linguagem escrita ou falada, aprender e reconhecer expressões faciais e movimentos. Nesse contexto, a IA simula ou replica a inteligência e o comportamento humanos usando programas conhecidos como *algoritmos*. Esses algoritmos são "ensinados" a executar atividades humanas como entender linguagem escrita ou dirigir um carro.

Eles apresentam, ainda, uma característica especial, pois, uma vez treinados, mantêm a capacidade de aprender à medida que mais dados e informações lhes são fornecidos, o pode pode aumentar sua precisão.

Embora a IA não seja recente, tendo passado por muitos avanços e muitas melhorias ao longo do tempo, somente nas últimas décadas é que sua utilização alcançou viabilidade comercial. Desde então, e rapidamente, esse tipo de inteligência foi inserido amplamente no dia a dia: hoje, é possível encontrar a aplicação da IA no reconhecimento dos caracteres escritos em telefones celulares; na interpretação de fala em assistentes virtuais ou de teleatendimento; na pesquisa de produtos para compra em algum *site*, por meio das sugestões de alternativas de produtos similares, expressas em frases como "pessoas que pesquisaram isso também compraram..." ou "você também pode gostar de...".

## 1.2
## Contexto histórico e evolução da IA

Os algoritmos de IA e de aprendizado de máquina (ML, do inglês *machine learning*) surgiram em meados da década de 1950. O termo *inteligência artificial* foi utilizado pela primeira vez em 1955 em um texto de convite para um *workshop* de quase oito semanas proposto pelo professor John McCarthy. O evento contou com a participação de seus colegas Marvin L. Minsky, Nathaniel Rochester e Claude E. Shannon e ocorreu no Dartmouth College, em Hanover, Estados Unidos. Esse *workshop* seminal resultou na publicação de um manifesto em que se enunciava uma visão de futuro para a IA: os assinantes acreditavam na construção de algoritmos e de máquinas com capacidade de desempenhar tarefas de cognição, abstração, compreensão e de uso de linguagens.

Esse *workshop*, que ocorreu no verão de 1956 e ficou conhecido como *Dartmouth Summer Research Project on Artificial Intelligence*, ou simplesmente *Dartmouth Workshop*, é considerado o marco inicial da IA como a concebemos hoje.

Em 1959, um pesquisador da International Business Machines (IBM), Arthur Lee Samuels, desenvolveu o primeiro algoritmo para o aprendizado de máquina: um programa para jogar damas com capacidades de autoaprendizagem. Com ele, desenvolveu-se o conceito de *machine learning*, que descreve um sistema o qual permite aos algoritmos aprender funções sem que tenham sido programados especificamente para elas. Esse novo conceito foi então explicado em um artigo publicado no *Journal of Research and Development*.

Em 1966, foi apresentada ao mundo a primeira aplicação prática de IA – um *chatbot* (robô de conversação) que utilizava algoritmos de ML. Chamava-se Eliza e foi criado por Joseph Weizenbaum, no Massachussets Institute of Technology (MIT). Essa aplicação era capaz de conversar de forma automática usando respostas baseadas em palavras-chave e na estrutura semântica e sintática das perguntas, bem como valendo-se de mecanismos para a correspondência de padrões (*pattern matching*) e substituição de caracteres. Assim, recebia uma sequência de caracteres de entrada, e realizava uma busca por palavras-chave previamente definidas no código fonte. Se as palavras fossem compatíveis com o texto de entrada, eram relacionadas com a palavra com maior pontuação para processamento.

### Fique atento!

O desenvolvimento do Eliza no MIT foi um passo muito significativo na história da IA, e, ainda hoje, algumas de suas implementações originais são encontradas nas linguagens de programação, como Snobol 4, Java, Python, Prolog, JavaScript, Lisp, entre outras.

Robôs de conversação são, atualmente, uma das principais aplicações comerciais da IA. São comuns em comércios eletrônicos e têm como principal função tirar as dúvidas dos usuários: somente se não souberem responder a determinada questão é que derivam a chamada para um atendente humano. De qualquer forma, houve diversas descobertas e aplicações ao longo do desenvolvimento da IA, conforme esquematizado na linha do tempo a seguir.

Figura 1.1 – Evolução da IA

**1956** — O Projeto de Pesquisa de Verão em **Dartmouth** sobre **Inteligência artificial** inventa o nome de um novo estudo interessado em fazer o *software* inteligente agir como os seres humanos.

**1965** — Joseph Weisenbaum, no **MIT**, cria Eliza, o **primeiro chatbot**, emulando a função de psicoterapeuta.

**1975** — O Meta-Dendral, um programa desenvolvido em **Standford** para interpretar análises químicas, possibilita a publicação das primeiras descobertas feitas por um computador em uma revista arbitrada.

**1987** — Uma van da **Mercedes** equipada com duas câmeras e vários computadores percorre 20 quilômetros ao longo de uma rodovia lenta a mais de 100 km/h, em um projeto acadêmico liderado pelo engenheiro Ernst Dickmanns.

**1997** — O computador da **IBM**, Deep Blue, derrota o campeão mundial de **xadrez** Garry Kasparov.

**2004** — O Pentágono realiza o **Darpa Grand Challenge**, uma **corrida para carros-robôs** no Deserto de Mojave envolvendo a a indústria de carros autônomos.

**2012** — Pesquisadores de uma estudo acadêmico chamado *Deep Learning* estimulam o novo interesse corporativo em IA, ao mostrarem suas ideias e tornarem o reconhecimento de fala e imagem muito mais preciso.

**2016** — O AlphaGo, desenvolvido pelo **Google Deep Ming**, derrota um jogador campeão mundial do **jogo de tabuleiro Go**.

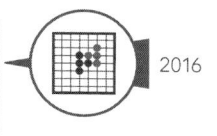

Fonte: Guia..., 2016.

Foram significativos os avanços ao longo da história, mas foi somente a partir de 2008 que a área passou a ser mais difundida. As razões para isso envolvem os seguintes fatores: a alta capacidade de processamento disponível em nuvem; a maior disponibilidade de armazenamento de dados; a velocidade de acesso; o estabelecimento de grandes comunidades de desenvolvedores de IA; a popularização do uso de dispositivos móveis – *smartphones, tablets e wearables* conectados à internet –; e, com isso, é claro, a grande quantidade de dados disponíveis e continuamente gerados.

## 1.3 Áreas de pesquisa e aplicações da IA

A IA está presente na vida das pessoas em diferentes momentos e ambientes, como em casa, no trabalho, nas atividades de lazer, nas viagens e nas mais diversas experiências e ações do dia a dia, chegando a prever necessidades, ajudando a tomar decisões, a lembrar de tarefas e de recomendações importantes etc.

### Importante!

Entre as mais importantes técnicas empregadas hoje para ensinar as máquinas a pensar e a interagir com os humanos, merecem destaque: ML, processamento de linguagem natural (PLN), *deep learning* e *super minds*.

Talvez não exista outra área de pesquisa atualmente que apresente tanta inovação quanto a de IA: praticamente todo mês surgem algoritmos, são publicados novos estudos ou novas aplicações práticas e úteis, graças ao trabalho de vários centros de pesquisa. Não é à toa, pois, que empresas e *startups* estão se beneficiando do baixo custo do processamento em nuvem e da disponibilidade de dados acessáveis. Tudo isso permite vislumbrar um futuro em que plataformas e sistemas – seja sozinhos, seja por meio de interações com os humanos – serão capazes de aprender nossas expectativas e de atender a elas, possibilitando a nós executar trabalhos além das capacidades atuais.

Aplicações de IA são inúmeras e extremamente úteis para o mundo dos negócios, para acelerar as descobertas e a evolução das ciências e para interesses governamentais. Praticamente qualquer rotina que necessite da identificação de padrões pode ser delegada às máquinas para que a executem: localização de imagens para os mais diferentes fins; monitoramento de tráfego de veículos e de incêndios florestais; reconhecimento de anomalias em pulsações cardíacas; biometrias em aparelhos celulares; e até mesmo identificação de padrões em palavras, textos cursivos e sons. Muito provavelmente, quaisquer interações humanas na internet envolverão ao menos um algoritmo de IA, quer nas escolhas das pesquisas no Google, quer em recomendações de notícias pelos aplicativos, ou em sugestões de imagens, de vídeos e de músicas nas redes sociais. Em termos econômicos, existe uma grande vantagem na utilização de máquinas que executem algumas tarefas que costumavam ser realizadas por pessoas. O uso de soluções eficientes de IA permite que uma máquina avalie, de forma mais rápida e com maior exatidão, mais informações do que o cérebro humano seria capaz, em busca de soluções para o problema proposto. Isso ocorre, muitas vezes, com base em abordagens que descrevem como os humanos raciocinam, haja vista os algoritmos de redes neurais artificiais. Um estudo da líder mundial no mercado de consultoria empresarial McKinsey & Company (Chui et al., 2018, p. 3) estima que "as técnicas de IA juntas têm o potencial de criar entre US$ 3,5 trilhões e US$ 5,8 trilhões em valor anualmente em nove funções de negócios em 19 setores".

Esse dado envolve as oportunidades identificadas em diversos macrossetores econômicos e seu potencial de inovação e de transformação promovidos pela IA no contexto atual, o que inscreve outras oportunidades e aumenta o potencial de criação de valor mediante novas descobertas e usos que se desdobram a cada dia.

Figura 1.2 – Impacto da IA na criação de valor em diferentes setores

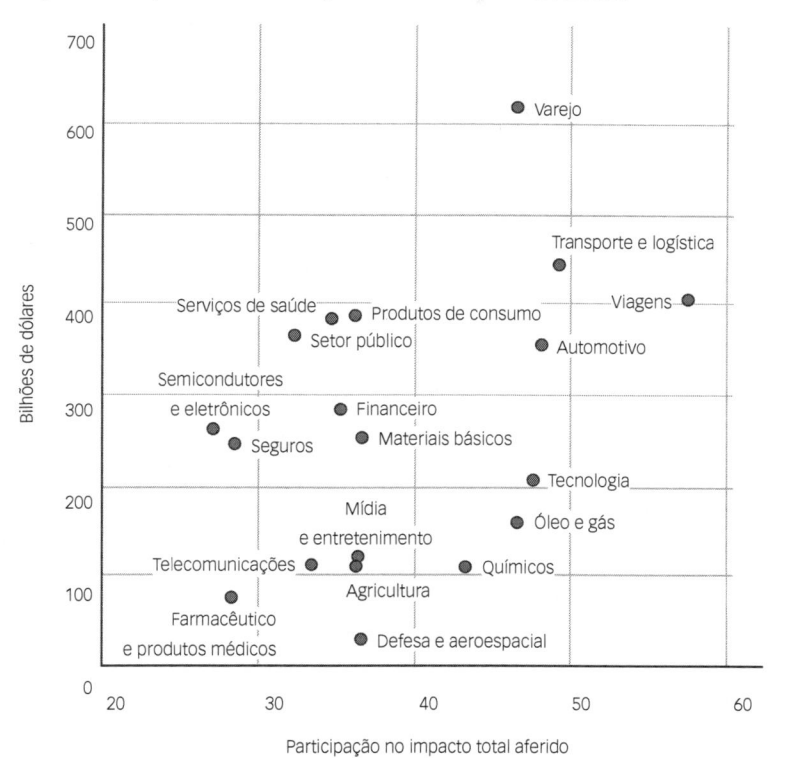

[Gráfico de dispersão com eixo Y "Bilhões de dólares" (0 a 700) e eixo X "Participação no impacto total aferido" (20 a 60). Setores plotados: Varejo (~47, 620); Transporte e logística (~47, 450); Serviços de saúde (~28, 400); Produtos de consumo (~36, 400); Viagens (~55, 400); Setor público (~36, 370); Automotivo (~48, 370); Semicondutores e eletrônicos (~26, 290); Financeiro (~37, 320); Seguros (~30, 280); Materiais básicos (~38, 290); Tecnologia (~50, 240); Mídia e entretenimento (~37, 210); Óleo e gás (~48, 210); Telecomunicações (~28, 170); Químicos (~47, 170); Agricultura (~38, 140); Farmacêutico e produtos médicos (~25, 120); Defesa e aeroespacial (~40, 100).]

Fonte: Chui et al., 2018, p. 18, tradução nossa.

Como ilustra a Figura 1.2, praticamente todos os setores são beneficiados pelo uso da IA. É bastante evidente o ganho de valor proporcionado ao setor de varejo por algoritmos que aumentam a precisão na recomendação de produtos a clientes potenciais. Também é possível supor o valor criado ao se identificarem mais rapidamente novas moléculas úteis para o setor farmacêutico; ou, ainda, os benefícios gerados à agricultura por algoritmos de IA que monitoram e identificam, via satélite, níveis de umidade, carência de sais no solo ou mesmo riscos de incêndio ou desmatamento. Ademais, num conceito amplo e abstrato, a IA tem o potencial de levar o conhecimento e as habilidades humanas a espaços de difícil acesso, onde especialistas em diferentes temas teriam dificuldade de atuar, como locais remotos. Enfim, são praticamente infinitas as alternativas e as potencialidades de obtenção de valor com o uso prático dessas técnicas.

Todavia, para se ter sucesso com uma aplicação de IA, é mandatório dispor de equipamentos capazes de suportar as tarefas de raciocínio da máquina, segundo limites realistas de orçamento e das habilidades humanas disponíveis.

O propósito da IA não é substituir o ser humano. Na verdade, o objetivo é exatamente o oposto: a ideia é trabalhar de forma simbiótica. A intenção é que o homem atue em conjunto com a máquina, conquistando agilidade e escalabilidade nas atividades. Assim, é possível oferecer mais qualidade de vida para as pessoas, além de eficiência e efetividade para os negócios.

A IA está em evolução constante e se torna cada vez mais eficiente em processos que potencializam o trabalho do ser humano e otimizam processos organizacionais. Para isso, é preciso focar em possibilidades para a redução de custos ou de aumento de produtividade e efetividade operacional, como mostra, a seguir, a Figura 1.3, que identifica, por setor da empresa McKinsey, quais são os ganhos incrementais previstos, quando comparados com os que existiam no momento da análise.

Figura 1.3 – Oportunidades de usar a IA na melhoria do desempenho em casos de uso existentes – McKinsey

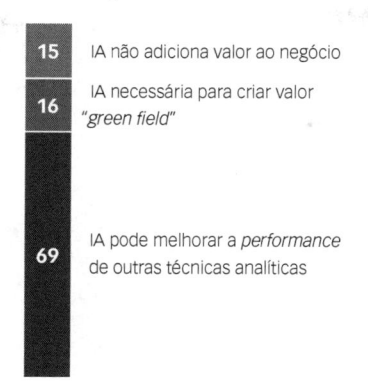

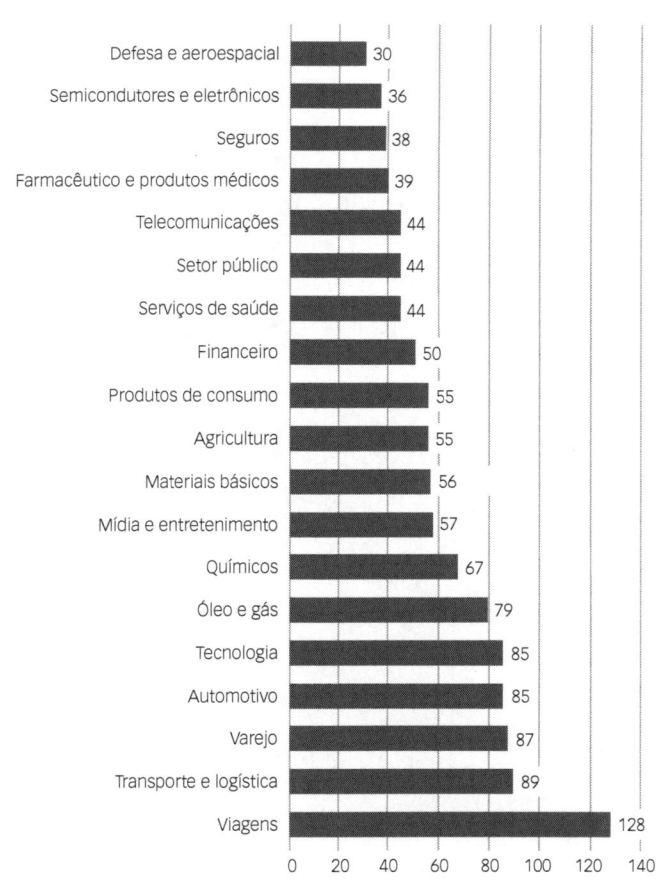

| Valor | Descrição |
|---|---|
| 15 | IA não adiciona valor ao negócio |
| 16 | IA necessária para criar valor "*green field*" |
| 69 | IA pode melhorar a *performance* de outras técnicas analíticas |

| Setor | Valor |
|---|---|
| Defesa e aeroespacial | 30 |
| Semicondutores e eletrônicos | 36 |
| Seguros | 38 |
| Farmacêutico e produtos médicos | 39 |
| Telecomunicações | 44 |
| Setor público | 44 |
| Serviços de saúde | 44 |
| Financeiro | 50 |
| Produtos de consumo | 55 |
| Agricultura | 55 |
| Materiais básicos | 56 |
| Mídia e entretenimento | 57 |
| Químicos | 67 |
| Óleo e gás | 79 |
| Tecnologia | 85 |
| Automotivo | 85 |
| Varejo | 87 |
| Transporte e logística | 89 |
| Viagens | 128 |

Fonte: Chui et al., 2018, p. 13, tradução nossa.

Comparando com outras técnicas analíticas, a IA amplifica o desempenho em praticamente 70% dos casos, cujo valor potencial incremental pode variar de 30% a 128%, dependendo do setor econômico.

## 1.4
## Planejamento da utilização da IA em um negócio

O entendimento de alguns conceitos é inescapável quando do planejamento da utilização da IA em um negócio. A seguir, listamos alguns entendimentos que devem estar sólidos.

» Investimentos em IA podem gerar ganhos no curto prazo, mas o foco deve ser o investimento de longo prazo
Empresas dispostas a adotar a IA em sua cadeia de valor devem ter ciência de que esse investimento pode gerar ganhos em curto prazo, principalmente se contratarem serviços de terceiros baseados em IA; porém, o foco deve ser o longo prazo, pois habilitar uma empresa para IA envolve muitos dos aspectos da estrutura organizacional, cultural, pessoal e processual da empresa.

» Otimização de processos operacionais
A IA está ampliando suas capacidades de desempenhar tarefas "humanas", mas está longe de conseguir pensar como uma pessoa. Dessa forma, sua especialidade é atuar em tarefas estruturadas e definidas que utilizam de regras específicas. Logo, as aplicações de IA são ótimas em desafios lógicos que envolvem padrões evidentes ou não. Parte do sucesso na otimização de processos operacionais e o decorrente aumento de produtividade implicam identificar quais seriam esses desafios para os quais a IA proporcionaria um desempenho excepcional.

» Aumento de produtividade
Estima-se que o correto investimento em IA pelas empresas brasileiras pode gerar um aumento de até 7,1% no PIB entre 2022 e 2030. Esse resultado significa ampliar possibilidades sobre o uso de aplicações de IA, afastando-se das fantasias do cinema sobre a IA ou do medo de demissão em massa de milhares de trabalhadores. Uma pesquisa da empresa de consultoria Accenture revelou que a previsão do impacto das tecnologias de IA sobre o setor empresarial aumentará a produtividade da força de trabalho em até 40%, permitindo às pessoas que otimizem consideravelmente o tempo no trabalho. Já outra consultoria global, a PwC, estima que a IA contribuirá com cerca de US$ 15,7 trilhões no mundo até 2030 (Holmes, 2019).

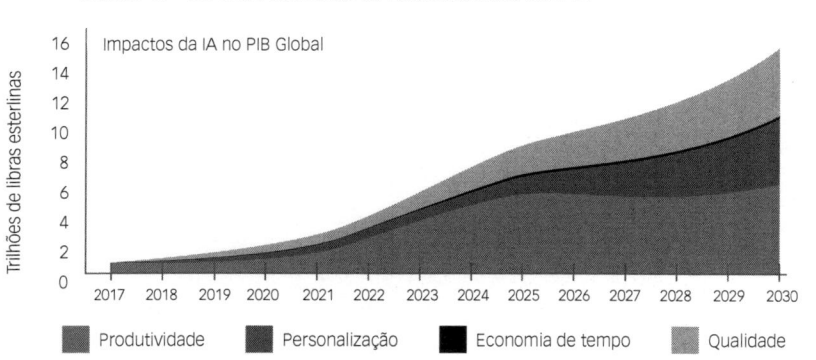

Gráfico 1.1 – De onde derivarão os valores criados com IA

Impactos da IA no PIB Global

Legenda: Produtividade, Personalização, Economia de tempo, Qualidade
Eixo Y: Trilhões de libras esterlinas (0 a 16)
Eixo X: 2017 a 2030

Fonte: PwC, 2017, p. 5.

Esse gráfico, elaborado pela PwC, mostra a participação de quatro fontes de ganhos de valor: produtividade no trabalho, personalização, tempo economizado e qualidade, e prospecta a evolução.

O uso de IA permite que máquinas executem, com maior velocidade e com mais qualidade, processos e tarefas básicas, liberando tempo e recursos para que pessoas trabalhem com atividades mais especializadas ou que envolvam criatividade e trabalho em equipe. A automatização de processos é uma amostra do potencial de uso da IA pelas empresas. Muitas vêm utilizando a tecnologia para não apenas transformar a experiência de seus clientes, mas também para colocá-los no centro de seus processos de construção e de entrega de valor.

» Foco total no usuário
Diferentemente do que ocorreu no início de sua implantação, o atendimento automatizado muitas vezes pode agradar mais os clientes do que aquele realizado por seres humanos. Um processo de IA na forma de um *chatbot* pode ser bastante eficiente nesse aspecto, dado que seu foco é apenas o atendimento ao usuário. Com o uso de tecnologias de ML e *deep learning* para simular o entendimento e as capacidades humanas, as aplicações de IA podem desenvolver formas personalizadas de atendimento aos clientes e lidar cada vez melhor com seus problemas.

» Análise de dados complexos
Dados complexos são compostos por dados estruturados e não estruturados na forma de textos, códigos, imagens, áudios ou vídeos. A IA vem evoluindo no que concerne ao tratamento de tais dados. E o que seria impensável poucos anos atrás, como vasculhar milhares de textos legais e informações corporativas em busca de dados relevantes em pouco tempo, hoje é factível e até mesmo massivamente consumível. Tudo isso porque algoritmos de IA são capazes de extrair correlações e identificar padrões invisíveis aos olhos e capacidades humanos observando grandes conjuntos de dados.

## 1.5 Resolução de problemas de negócios com a IA

Diante de problemas comuns em atividades rotineiras, é possível optar por fazer aplicações de IA. A seguir, detalhamos por área algumas possibilidades de aplicação.

### Marketing

O *marketing* evoluiu muito nos últimos anos e tornou-se mais mensurável, principalmente pela importância que sua versão digital alcançou. A prática de *marketing* exige muito esforço: planejar campanhas, lançá-las, medi-las e fazer ajustes nelas. No setor, é notório o crescimento da receita e um melhor desempenho devido ao uso de IA em campanhas. Entre os benefícios da IA nas ações de *marketing*, destacam-se:

» aceleração e crescimento da receita;
» experiências de consumidor personalizadas em escala;
» redução de custos;
» aumento do retorno sobre o investimento de campanhas de *marketing*;
» mais *insights* acionáveis por dados de *marketing*;
» maior acuidade nas previsões de necessidades e de comportamentos de novas demandas de consumidores;
» redução do tempo gasto com tarefas repetitivas e orientadas por dados;
» diminuição do tempo do ciclo de vendas;
» maior valor de uso das tecnologias de *marketing*;
» redução do custo de aquisição dos clientes, em razão da maior precisão do cliente-alvo e da maior previsão do momento de se abordar o cliente.

### Mecanismos de recomendação

Algoritmos de IA podem revelar tendências graças à análise de dados de comportamento e de consumo anteriores, as quais podem ser aplicadas no desenvolvimento de estratégias mais eficazes para ofertas e vendas cruzadas. Essas ofertas podem ser aplicadas em recomendações de produtos e em ofertas complementares relevantes aos clientes durante o processo de *check-out* em vendas *on-line*.

Visão computacional

Aplicações de IA permitem a obtenção de informações significativas em imagens digitais, vídeos e outras entradas, assim como o estabelecimento de ações e tarefas com base nesses *inputs*. Essa capacidade de estabelecer ações a distingue de simples tarefas de reconhecimento de imagem. Na maioria das vezes, a aplicação de IA no processamento de imagens utiliza algoritmos de redes neurais convolucionais. Tais algoritmos são uma classe de redes neurais artificiais do tipo *feed-forward* que usam uma variação de *perceptrons* multicamadas desenvolvidas de modo que demandem o mínimo pré-processamento possível. Suas aplicações têm sido empregadas com sucesso na análise e identificação de imagens; na marcação de fotos das mídias sociais; no processamento de vídeos, de imagens de radiologia na área da saúde; e em carros autônomos na indústria automotiva.

Negociação automatizada de ações

Soluções de IA também são aplicadas em diversos robôs de negociação de ações projetados para automatizar transações, executando-as em velocidades praticáveis por operadores (*traders*) humanos, além de otimizar a alocação de ativos em carteiras de ações e investimentos. Esses robôs realizam altos volumes de transações, chegando a milhares ou até milhões de negociações por dia sem intervenção humana. Hoje são responsáveis pela maioria das operações nos mercados.

Reconhecimento de fala é um recurso que usa PLN para processar a fala humana e transformá-la em um formato escrito. Espera-se, para os próximos anos, que seu uso aumente consideravelmente com sua incorporação em diversos dispositivos de carros, em equipamentos residenciais, os quais funcionariam como os atuais assistentes virtuais, como a Siri, a Alexa, o Google Assistant, porém com finalidades e contextos mais bem definidos.

*Chatbots*

São muitas as organizações que oferecem canais para se conversar por um *chatbot*, e essa experiência pode ser impressionante, dada a capacidade que o algoritmo alcançou, tornando a conversa muito fluida. Recentemente o sistema Lambda, que tem se dedicado a cumprir a função de *chatbot*, ganhou destaque na mídia pela polêmica envolvendo o fato de ele ser senciente (isto é, por sua capacidade de ter sentimentos e ser consciente), tão realistas seus diálogos e suas interações pareciam ser. Com isso, além da capacidade de satisfazer as solicitações dos clientes sem intervenção humana, ele pode oferecer *insights* valiosos sobre o comportamento de clientes, de pacientes e de outros usuários, o que seria praticamente impossível de se obter com humanos.

Atualmente os *chatbots* são construídos para responder a perguntas sobre tópicos específicos; fornecer soluções personalizadas para nichos de usuários; e recomendar produtos ou sugestões de tamanhos de produtos para usuários, mudando o envolvimento do cliente em *websites* e plataformas digitais, como as de mídia social.

Algumas das várias linhas de trabalho da IA são a modelagem e a aplicação de redes neurais capazes de realizar o aprendizado de máquina e o reconhecimento de padrões, tornando, em muitos casos, o *chatbot* inteligente a ponto de conseguir entender o uso de contextos e de linguagem informal. Existem *chatbots* que utilizam aplicações de IA e outros que podem dispensar o uso dessa tecnologia, restringindo-se às possibilidades de diálogo e de conversas.

Com a IA, os *chatbots* se desenvolvem de forma bastante surpreendente, indo muito além de uma solução para atendimento automatizado, como o exemplo já citado do Lambda do Google. Essa diferenciação deve-se ao fato de que uma aplicação de *chatbot* varia conforme os objetivos do negócio a que ele deve atender. Quando seu objetivo for receber comandos diretos e oferecer respostas pouco complexas, uma aplicação simples baseada em regras – ou árvore de navegação/diálogo –, sem inteligência artificial, é plenamente capaz de suprir as necessidades do negócio. Tarefas de atendimento ao cliente, como fornecer o *status* de uma requisição, a segunda via de uma fatura ou a situação de uma encomenda, são algumas aplicações que dispensam o uso de IA.

Aplicações de *chatbot* com uso de IA atendem a operações mais complexas, entre as quais podemos citar aplicações que compreendem linguagem humana com uso de PLN e que aprendem mediante as interações com usuários; ou seja, é como se adquirissem mais experiência a cada atendimento, melhorando o engajamento. Nesse sentido, já existem aplicações que representam personagens e recebem nomes próprios, como a Lu, a "especialista digital" do Magazine Luiza, a qual possibilita o atendimento de clientes no pós-venda de forma conversacional e automática. Está evidente que uma aplicação de *chatbot* com uso de IA é bastante interessante para os usuários e clientes.

# capítulo 2

A aplicação da inteligência artificial no mundo dos negócios

**Conteúdos do capítulo**
- » Dados e informações.
- » Algoritmos.
- » Ferramentas da inteligência artificial (IA).

Após o estudo deste capítulo, você será capaz de:

1. descrever como a IA funciona;
2. indicar o papel dos dados nas aplicações da IA;
3. utilizar as ferramentas da IA;
4. aplicar a IA em um negócio.

O sucesso de uma organização está associado diretamente à qualidade das decisões tomadas. Dificilmente uma organização consegue manter um bom desempenho no longo prazo sem buscar sua maturidade analítica para tomada de decisões. Entenda-se como maturidade analítica uma medida de quão bem a organização utiliza seus dados. Alcançar alta maturidade é ter dados profundamente enraizados em todas as tomadas de decisão na organização.

Assim como a inteligência artificial (IA) está passando por uma evolução, a capacidade das organizações de trabalhar os dados disponíveis para suportar suas decisões também está em desenvolvimento. Isso porque ambas as mudanças estão intimamente ligadas. De forma direta ou indireta, consciente ou inconsciente, todas as organizações têm tomado decisões com mais e melhores dados. Consideremos o exemplo do *marketing*: praticamente todos os negócios, de alguma forma, usam a internet, seja para encontrar potenciais clientes, seja para investir em mídias digitais, ou mesmo para criar canais de vendas digitais. Algumas dessas organizações, independentemente de seu porte, têm compreendido o valor das capacidades analíticas e acelerado tais capacidades. Elas têm procurado escalar de análises reativas, ditas *análises descritivas*, em direção àquelas conhecidas como *preditivas*, que antecipam movimentos, proporcionando melhores oportunidades às organizações. Como demonstraremos ao longo do capítulo, o aprendizado de máquina e a computação cognitiva exercem um papel central nesse processo de maturidade analítica.

A maturidade analítica está associada à capacidade de implantar processos decisórios reproduzíveis, rápidos e escaláveis que abranjam, com maior ou menor profundidade, seis etapas, as quais estão detalhadas no Quadro 2.1.

Quadro 2.1 – Evolução da maturidade analítica

| Proposição de valor | Dados | Modelagem | Predição | Avaliação | Ação |
|---|---|---|---|---|---|
| » Qual é o desafio ou a oportunidade de negócio?<br>» Qual é o eu valor? | » Qual informação é necessária?<br>» Qual é a origem dela?<br>» Como extraí-la? | » Quais funções devem ser geradas?<br>» Custo (tempo/$) para gerar?<br>» Qual é a frequência de atualização do modelo? | » Quais tarefas devem ser preditas?<br>» Como seria usado? | » O que deve ser medido?<br>» Qual é a *baseline*? | » Como as predições devem direcionar a tomada de decisão ou as ações para atingir a proposição de valor? |

Fonte: Davenport; Ronanki, 2018, p. 106.

## 2.1 O que os dados informam sobre o negócio

É possível identificar padrões em tudo: duração do dia, da noite e das estações do ano; sazonalidade das chuvas; crescimento das árvores e dos animais etc. Isso também se aplica aos padrões humanos em nível social ou individual. Identificá-los permite inferir propensões e ações futuras. Algumas inferências são naturais e não necessitam de uma análise mais profunda, como o fato de as pessoas sentirem sono ao cair na noite ou fome próximo ao meio-dia. Outros padrões são mais sutis, e, para ficarem suficientemente evidentes e subsidiarem uma inferência com um bom grau de certeza a partir deles, precisam ser indicados por muitos dados.

Há padrões que, até há pouco tempo, não eram possíveis de serem identificados, quer por não existirem os eventos que gerassem tais dados ou sensores que os medissem, quer por falta de consciência de que seriam úteis e deveriam, portanto, ser coletados. Como exemplo, os dados provenientes do uso de mídias e redes sociais só passaram a existir recentemente, e, mesmo assim, depois que foram criados, poucos ainda sabem que o horário e a frequência de uso dessas plataformas, por exemplo, dizem muito sobre seus hábitos profissionais, pessoais e, até mesmo, psicológicos.

Em verdade, não são os dados que criam valor a uma organização, mas o que se pode compreender deles, a informação que deles pode ser extraída como padrões que poderão ser extrapolados e fornecer predições úteis acionáveis. Logo, dados sem instrumentos que possibilitem a identificação desses padrões ou de suas exceções e suas anomalias pouca ou nenhuma serventia têm. Eis aí o lugar de ação das linguagens e do desenvolvimento dos algoritmos.

Não é suficiente ingerir grandes quantidades de dados. Desenvolver modelos precisos de aprendizado de máquina exige que os dados de origem sejam precisos e significativos. É preciso entender a origem das fontes de dados e verificar se elas fazem sentido quando combinadas. Além de confiar nos dados, é recomendado realizar uma limpeza ou organização deles. Limpá-los significa dispô-los em um formato que pode ser entendido por um algoritmo de aprendizado de máquina. Ademais, deve-se ter certeza de que esses dados são derivados de forma sensata e internamente consistente. É necessário decidir o tratamento de dados faltantes, de *outliers* e de outras irregularidades.

Muitas empresas têm tido sucesso em usar análises para entender onde estiveram e como podem aprender com o passado para antecipar e planejar seu futuro. Essas análises são úteis para descrever como as várias ações e os diversos eventos de agora impactarão os resultados vindouros. Dessa forma, até o desenvolvimento da IA, cientistas de dados e analistas de negócios ficavam limitados a fazer previsões com base no passado, em modelos analíticos que utilizam dados históricos.

No entanto, sempre existem fatores desconhecidos que podem ter um impacto significativo nos resultados futuros. Empresas precisam construir **modelos preditivos**, capazes de realizar previsões baseadas na identificação de padrões entre os dados históricos e os dados atuais, de maneira que a inferência seja a melhor possível com os dados disponíveis. Tais modelos preditivos são úteis também para auxiliar no monitoramento: uma vez que sua previsão sofra alteração, o gestor pode mudar suas decisões antes mesmo que o cenário previsto se confirme.

## 2.2 Como desenvolver algoritmos de IA e de *machine learning* na empresa

Sem algoritmos adequados, por mais que se disponha de dados, não é possível identificar os padrões capazes de proporcionar *insights* acionáveis e que suportem decisões confiáveis. Por isso, é imperioso saber como proceder à escolha e ao desenvolvimento de um algoritmo para a empresa. *Grosso modo*, a escolha pode ser consolidada em três partes:

1. **Processo de decisão**: algoritmos de *machine learning* (ML) são aplicações que ajudam a realizar previsões ou classificações com base nos dados de entrada. Os algoritmos podem ser rotulados (aprendizado de máquina supervisionado) ou não (aprendizado de máquina não supervisionado). O mais comum é utilizar o primeiro tipo, e, então, o algoritmo desenvolverá uma estimativa sobre os padrões dos dados que deverá estar associada às possíveis decisões, automáticas ou não.

2. **Função de erro**: o uso e, consequentemente, o valor do modelo para uma organização estão associados à qualidade e à importância da decisão tomada. Como sempre há, atrelado a uma tomada de decisão, um fator de incerteza, medir esse potencial de erro é imprescindível, pois permite avaliar o poder de descrição e de previsão dos modelos. Utilizando amostras conhecidas, a função de erro capacita a fazer comparações para avaliar o potencial de precisão de um modelo.

3. **Processo de treinamento e otimização do modelo**: o treinamento de um modelo consiste no ajuste dos parâmetros e variáveis para torná-lo o mais aderente possível aos dados no conjunto de treinamento, sem perder previsibilidade quando exposto a outros dados. Os pesos dos parâmetros e variáveis são calibrados para reduzir a dis-

crepância (entenda-se erro) de suas estimativas. O algoritmo repetirá esse processo de avaliação e otimização e atualizará seus pesos até alcançar um limite de precisão.

Como um algoritmo é treinado?

O treinamento é uma etapa crítica no processo de aprendizado de máquina. Ao treinar um sistema, conhecem-se as entradas (por exemplo, renda do cliente, histórico de compras, localização etc.) e a meta desejada (por exemplo, prever a propensão de um cliente para determinada compra ou para rotatividade). Conforme o algoritmo de aprendizagem é exposto a mais e mais dados do cliente, o sistema se torna mais preciso em suas previsões.

O processo de treinamento de um algoritmo de aprendizado de máquina para criar um algoritmo ou modelo preciso é realizado em três etapas:

1. **Representação**: o algoritmo cria um modelo para transformar os dados inseridos nos resultados desejados. À proporção que o algoritmo de aprendizagem é treinado e exposto a mais dados, aprende a relação entre os dados brutos e os mais fortes preditores para o resultado desejado.

2. **Avaliação**: à medida que o algoritmo cria vários modelos, um analista humano ou o próprio algoritmo precisa avaliar e pontuar os modelos com base em qual modelo produz a previsão mais precisa. Vale lembrar que, depois de ser operacionalizado, o modelo é exposto a dados desconhecidos. É indispensável se certificar, então, de que o modelo é devidamente generalista e não ajustado demais aos limitados dados de treinamento.

3. **Otimização**: depois que o algoritmo cria e pontua vários modelos, deve-se selecionar o algoritmo de melhor desempenho. Conforme se expõe o algoritmo a conjuntos mais diversos de dados de entrada, ele se torna mais generalizado.

### Treinar, treinar e treinar

O processo de treinamento exige dados suficientes para testar o modelo. Frequentemente o primeiro treinamento (*baseline*) fornece resultados medianos. Isso significa que se deve refinar o modelo ou fornecer mais dados. Esse processo não é diferente de aprender qualquer nova disciplina, quando geralmente se parte de suposições alicerçadas em um conhecimento incompleto: ao aprender mais, pode-se decidir se são necessários mais dados ou mais fontes.

Quando concluído o treinamento, o usuário estará pronto para testar sua compreensão do domínio, a fim de verificar se tem a quantidade certa de conhecimento ou se ainda é necessário coletar mais dados e aprender mais.

### Dados

Os algoritmos de IA detêm a maior parte da atenção quando as pessoas discutem o aprendizado de máquina; entretanto, seu sucesso depende da existência de bons dados. Se se criar um modelo baseado em dados com baixa qualidade, as previsões obviamente serão imprecisas. Além disso, é preciso pensar sobre quais dados devem ser incluídos em cada modelo.

Para ter mais acurácia, é aconselhável estabelecer processos bem-definidos, governança de dados e protocolos que assegurem a boa qualidade de dados.

### Quais dados são realmente relevantes?

As decisões de negócios precisam observar as mudanças comerciais levando-se em conta as variações constantes nos dados disponíveis e diferentes fontes. Suas fontes de dados podem incluir ambos os sistemas tradicionais de registro de dados (como cliente, produto, dados transacionais e financeiros) e dados externos (por exemplo, mídia social, notícias, dados meteorológicos, dados de imagens ou geoespaciais, dados comerciais).

## Dados estruturados

Os dados do tipo estruturado têm um padrão predefinido antes de eles serem uma estrutura rígida. Em outras palavras, a estrutura é pensada antes mesmo da existência do dado. Um exemplo é um banco de dados tradicional, no qual os dados podem ser organizados por meio de linhas e colunas. A maioria das organizações tem uma grande quantidade de dados estruturados em seus *data centers*. Eis alguns exemplos desse tipo de dado:

» **Séries temporais**: dados e números discretos obtidos e organizados em período definido – diariamente, semanalmente, mensalmente trimestralmente, anualmente etc. Um exemplo são as séries de histórias de preços de ações.

» **Dados financeiros**: muitos sistemas financeiros são programados para operar com base em estruturas predefinidas, como planos de conta para dados contábeis ou extratos para movimentações financeiras.

» **Dados de sensores**: podem ser exemplificados por ID de radiofrequência, *tags*, medidores inteligentes, dispositivos médicos e de posicionamento.

» **Dados do ponto de venda**: quando o caixa passa o código de barras de qualquer produto que é comprado, todos os dados associados ao produto são gerados.

» **Dados meteorológicos**: sensores para coletar dados meteorológicos estão sendo implantados em vilas, cidades e regiões para a coleta referente a temperatura, vento, pressão barométrica e precipitação. Esses dados alimentam as previsões hiperlocais.

» **Dados do *Weblog***: ao operar aplicativos, redes etc., os servidores capturam todos os tipos de dados sobre suas atividades.

» **Dados do *stream* de cliques**: os dados são gerados toda vez que um usuário da internet clica em um *link* em um *site*. Esses dados podem ser analisados para determinar o comportamento do cliente e padrões de compra.

## Dados não estruturados

São dados que não demandam estrutura definida e, por isso, não seguem um formato especificado. Eles podem ser textuais e estar presentes em documentos e práticas de comunicação, como *e-mails*, mensagens em aplicativos, comentários ou avaliações em redes sociais. Ainda, podem seguir algum tipo de padrão, mas não são facilmente tratados com *folders* ou relatórios de fundos de investimentos. Os dados não estruturados, pela dificuldade de trabalhar com eles em escala (grandes volumes), são menos aproveitados por empresas, mas oferecem uma grande oportunidade de monetização pela obtenção de *insights* valiosos ou pela possibilidade de automação de rotinas que exigem análise e intervenção humana.

Para complementar, tais dados apresentaram crescimento exponencial nos últimos anos, devido ao barateamento do processamento, ao armazenamento em nuvem, à expansão na disponibilidade de dispositivos móveis e à intensificação do uso de mídias sociais, o que estimulou o interesse no armazenamento e uso desses dados. Outros exemplos de dados não estruturados são:

- » **Textos internos para a empresa**: trata-se dos textos dentro de documentos, de *logs*, de resultados de pesquisas e de *e-mails*.
- » **Dados de mídia social**: são gerados a partir de redes sociais e plataformas de mídia, como YouTube, Facebook, Twitter, LinkedIn, Instagram, TikTok etc.
- » **Dados móveis**: incluem mensagens de texto, notas, calendário entradas, fotos, vídeos e dados inseridos em aplicações móveis de terceiros.
- » **Imagens de satélite**: abrangem dados meteorológicos ou dados que os governos capturam em suas imagens de vigilância por satélite.

» **Fotografias e vídeo**: incluem segurança, vigilância e dados de tráfego.

» **Dados de radar ou sonar**: incluem veículos, meteorologia, dados de calibração e oceanográficos.

Interpretação dos dados e seu contexto

Já declaramos que os negócios lidam com uma grande quantidade de dados disponíveis, mas, para efetivamente se beneficiar dessa grande quantidade de dados armazenados de forma estruturada, não estruturada, ou semiestruturada, é importante entender verdadeiramente essas fontes de dados. Para isso, é interessante considerar as seguintes questões norteadoras:

» Qual é a fonte dos dados?
» Quem manipulou esses dados?
» São os dados fontes confiáveis?

Experiências iniciais em análises avançadas de dados frequentemente geram resultados decepcionantes porque os analistas obtiveram dados-fonte sem realmente entendê-los e analisá-los previamente. Antes da ação, os dados devem ser compreendidos, verificados e validados. Havendo confiança de que se está usando dados precisos e corretos para resolver o problema do negócio, abordagens de aprendizado de máquina podem fornecer *insights* significativos. Ainda, é preciso se certificar de que os dados são suficientes para descobrir padrões e anomalias. Quando o entendimento sobre os dados e a qualidade for suficiente, deve-se investigar o contexto dos dados e definir quando aplicá-los ao problema. Por exemplo, se uma árvore está perdendo suas folhas no meio do verão, há um sinal de que a planta não é saudável. Todavia, se a mesma árvore estiver a perder folhas no outono ou no inverno, esta deve ser considerada uma ocorrência normal.

Portanto, sem entender o contexto dos dados, provavelmente se interpretarão erroneamente os resultados. Nesse sentido, é recomendável fazer a correlação entre os elementos de dados. Quais são as relações entre condições? No exemplo da condição das árvores, existe uma correlação direta entre as estações do ano e a cor e a quantidade de folhas. Contudo, é preciso cuidado sobre essas correlações, pois pode-se encontrar uma correlação que não faça sentido porque o contexto está errado. Pode parecer que há uma relação entre folhas caindo das árvores e o número de casacos de frio sendo comprados em *sites on-line*: ao passo que os dois eventos acontecem porque o tempo está mais frio, não havendo relação direta entre a perda de folhas das árvores e a venda de casacos de frio.

Para usar efetivamente a IA para oferecer suporte a sua estratégia de negócios, a empresa deve utilizar os métodos de análise estatística para encontrar padrões e anomalias em seus conjuntos de dados. Com os melhores dados disponíveis e no volume certo e sob o melhor nível de limpeza, é possível criar um modelo usando o mais adequado algoritmo de aprendizado de máquina baseado no problema de negócios abordado. Esse modelo é apenas o começo do fluxo de trabalho da IA.

Aproveitando grandes quantidades de dados, é possível modelar esses dados, treinar os modelos e, em seguida, começar a aprender com esses dados, a fim de melhorar a capacidade de os modelos tomarem decisões. Um sistema de aprendizado de máquina é capaz de reconhecer padrões e anomalias subjacentes que não são necessariamente óbvios:

» Existem relações entre o que os clientes compram e o tempo de manutenção ou de conserto?
» Existem impactos do clima nas vendas durante um período de tempo?
» Existem indicações nos dados de mídia social que indicam mudanças sutis nas percepções do cliente ou em seu padrão de compras?

Ser capaz de modelar grandes quantidades de dados de diferentes fontes pode adicionar percepções a que o ser humano não poderia chegar analisando os dados disponíveis de forma isolada. Portanto, quanto mais se aproveita o aprendizado de máquina como parte de processo de planejamento e de estratégia, mais é preciso fazer a máquina aprender além do contexto no qual seu negócio está inserido, assim como desenvolver conhecimentos indispensáveis de análise avançada.

Mais dados, mais precisão

Que diferença o aprendizado de máquina pode fazer nas estratégias de negócios? Para responder a essa questão, convém tomarmos o exemplo de uma empresa que executa uma análise tradicional dos dados de satisfação do cliente. Em geral, ao analisar os dados, nota-se que existem anomalias. Em geral, durante a fase de tratamento de um conjunto de dados, o analista despreza os registros não conformes, ou *outliers*, supondo que esses dados não sejam precisos. À medida que mais dados são adicionados a um modelo, treinados e analisados, ficam mais evidentes as mudanças que irão impactar diretamente o futuro do negócio.

Por exemplo, cientistas de dados com largo conhecimento, vendo algumas mudanças sutis, podem adicionar novas fontes de dados com potencial de fortalecer ou desmistificar uma análise estatística sobre a mudança ou o crescimento dos negócios. Conforme mais dados são inseridos no modelo, o sistema aprende e ganha mais percepção e sofisticação para prever o futuro.

Logo, o aprendizado de máquina constitui um valioso parceiro no planejamento estratégico, porque coletar e entender os dados oferece valor potencial para empresas que desejam alavancar o aprendizado de máquina e as ajuda a entender as súbitas mudanças no comportamento, nas preferências ou na satisfação dos clientes.

As ações de compreender e controlar os dados são pré-requisitos para um uso eficaz do aprendizado de máquina na resolução de problemas reais de negócios. Existe um nível diferente de governança para se utilizarem os dados em treinamento daquele presente quando se usam esses dados em um ambiente de produção. No mundo tradicional de *data warehouses*, ou da gestão de banco de dados relacionais, é provável que a empresa tenha entendido regras sobre como os dados precisam ser tratados e protegidos. Por exemplo, no setor de varejo, é imprescindível que medidas de segurança sejam adotadas para a proteção dos dados de identificação pessoal dos clientes e para garantir que indivíduos não autorizados não acessem dados privados ou restritos. É preciso controlar, ainda, quem tem permissão para ver os dados e alterá-los. Afinal, quando a organização começa a usar soluções baseadas em IA para prever resultados, considerar a governança de dados e suas implicações é fulcral. Ao criar aplicativos de aprendizado de máquina, seguir três regras:

» É indispensável certificar-se de que os dados privados não sejam comprometidos. No início de um projeto, deve-se entender quais tipos de dados serão utilizados por um aplicativo de aprendizado de máquina. Por exemplo, há aquele que processam dados de clientes ou de funcionários, estando sujeitos a regulamentações governamentais, como a Lei n. 13.709, de 14 de agosto de 2018 (Brasil, 2018), a Lei Geral de Proteção de Dados (LGPD). Se o resultado de um algoritmo de aprendizado de máquina produz dados de classificação ou de predição dos clientes, esses resultados devem ser protegidos.

» A alimentação de dados deve ser orientada por regras de governança. Nesse sentido, é necessário entender onde os dados estarão fisicamente localizados e onde o aprendizado de máquina ocorrerá. Alguns países exigem que os dados dos cidadãos sejam mantidos em seu território. Outras regras e regulamentos podem proibir que certos dados sejam movidos para uma nuvem pública.

» É imperioso manter a privacidade dos dados confidenciais, controlando quem tem permissão para ver os dados ingeridos em um aplicativo de aprendizado de máquina por meio de acesso às fontes e das *seeds* de criptografia utilizadas na empresa.

Aprendizado de máquinas sobre os dados

Após o entendimento das formas de captura, armazenamento e governança dos dados, é importante compreender o papel do refinamento de dados que irá fornecer a base para a construção de análises e de modelos de cálculo que entregam resultados confiáveis. O processo de refinamento de dados ajuda a garantir que os dados sejam pertinentes, limpos e entendidos.

*Machine learning, deep learning, reinforcement learning* e *big data* são todos termos frequentemente empregados quando os assuntos são IA, análise de dados e tecnologia avançada. A IA deve ser entendida como a maneira mais ampla de descrever sistemas que podem "pensar". Nesta obra, enfocamos as aplicações da IA no mundo dos negócios; no entanto, para entender o aprendizado de máquina, é recomendável colocá-la em perspectiva, pois a IA é a categoria geral que abrange essas outras tecnologias de aplicação específica.

Ao se explorar o ML, o centro tende a ser a capacidade de aprender e adaptar um modelo com base nos dados, em vez de explicitamente destacar essa adaptação de forma limitada em seu código de programa. Antes de nos aprofundarmos nos tipos de aprendizado de máquina, descrever suas características.

» **Raciocínio**: o raciocínio da máquina permite que um sistema faça inferências baseadas em dados. Em essência, o raciocínio ajuda a preencher os espaços em branco ante dados incompletos, isto é, ajuda a dar sentido aos dados conectados. Por exemplo, se um sistema tem dados suficientes e é perguntado a ele "qual é a temperatura interna segura para comer um pastel de carne?", o sistema deve ser capaz responder "74 °C". A cadeia lógica seria a seguinte: um pastel, que é uma comida, é constituído de uma massa que envolve um tipo de carne; a carne deve ser cozida a 74 °C.

» **Planejamento**: o planejamento automatizado é a capacidade de o sistema inteligente agir de forma autônoma e flexível para construir uma sequência de ações, a fim de atingir um objetivo final, em vez de um processo de tomada de decisão pré-programado que vai de A para B e depois para C para finalmente chegar a uma saída final.

## 2.3 Aprendizado de máquina

### Aprendizagem supervisionada

O aprendizado de máquina que utiliza dados estruturados é chamado de *supervisionado*, uma vez que os rótulos com o significado de cada estrutura de dado são conhecidos. À medida que dados são inseridos no modelo, seus pesos são ajustados num processo de otimização. Existe, ainda, a necessidade de implementar um processo de validação cruzada para evitar *overfitting* ou *underfitting* do modelo.

*Overfitting* caracteriza a situação em que o modelo foi demasiadamente ajustado aos dados de treinamento, sendo muito efetivo na classificação desses dados, porém inefetivo quando exposto a novos dados. Isso significa que sua capacidade preditiva fica prejudicada, pois o modelo considera mais padrões preditivos do que de fato existem. De forma lúdica, seria como se o modelo fosse excessivamente acurado, identificando padrões que não existem.

*Underfitting* é o oposto: ocorre quando o modelo não foi capaz de identificar padrões suficientes para oferecer respostas valiosas, do ponto de vista informacional. Quando ocorre, o modelo não é capaz de discriminar adequadamente os dados e, consequentemente, não oferece resultados úteis.

Existem muitas técnicas do aprendizado supervisionado, das quais pode-se destacar redes neurais, regressão linear, regressão logística, floresta aleatória, máquina de vetor de suporte etc. Elas apoiam na resolução de uma grande variedade de problemas reais.

Em geral, esse aprendizado se inicia com o estabelecimento de um conjunto de dados conhecidos e a compreensão de como esses dados são estruturados e classificados. Esses métodos buscam encontrar padrões nos dados que podem ser utilizados para um processo de análise, e os dados devem estar rotulados para definir o seu significado. Consideremos o seguinte exemplo: há imagens de animais que incluem uma explicação do que cada animal é. Então, é possível criar uma aplicação de aprendizado de máquina para distinguir um animal de outro. Da rotulagem desses dados sobre os tipos de animais, pode-se obter, como resultado, centenas de diferentes raças de cachorros, por exemplo.

Quando o rótulo é contínuo, é definido como uma regressão; quando os dados advêm de um conjunto finito de valores, ele é definido como classificação. Em essência, a regressão ajuda a entender a correlação entre as variáveis. Vale lembrar que modelos de treinamento supervisionado são amplamente aplicados a diversas situações de negócios, como detecção de fraude, reconhecimento de voz, risco de crédito ou soluções de recomendações/sugestões.

Um exemplo de aprendizado supervisionado é a previsão do tempo. Usando regressão, a previsão do tempo leva em consideração o histórico de conhecidos padrões climáticos e as condições atuais para fornecer uma previsão sobre o tempo meteorológico futuro.

Aprendizagem não supervisionada

Esse método de aprendizagem utiliza algoritmos para analisar e agrupar conjuntos de dados não rotulados, com a descoberta de padrões ocultos ou de agrupamentos de dados sem a necessidade de avaliação ou intervenção humana. Essa capacidade de identificar agrupamentos de diferenças e semelhanças dos dados torna a solução apropriada para a exploração de dados, o reconhecimento de imagens e a segmentação de clientes.

Entre outros usos, as técnicas de aprendizagem não supervisionada são muito utilizadas para redução de dimensionalidade, isto é, para reduzir o número de variáveis de um modelo por meio da análise de componentes principais, que é a abordagem mais comum. Outras técnicas incluem redes neurais, agrupamento *k-means*, agrupamento probabilístico, entre outros.

O aprendizado não supervisionado é aplicado quando os problemas exigem a utilização de uma grande quantidade de dados não rotulados, ou quando se tem pouco conhecimento dos dados. A aplicação dessa técnica tem como pretensão um melhor conhecimento sobre o conjunto de dados. Os cientistas de dados aplicam a técnica de aprendizagem não supervisionada a dados provenientes de aplicativos de mídia social, incluindo os dados de *logs*: compreender o significado subjacente a eles requer que os algoritmos sejam capazes de classificá-los em padrões.

Algoritmos de aprendizado não supervisionado segmentam dados em **grupos de proximidade** (*clusters*) ou em grupos de recursos.

O aprendizado não supervisionado pode determinar o resultado quando há uma grande quantidade de dados. Nesse caso, como o desenvolvedor não sabe o contexto dos dados que estão sendo analisados, a rotulagem não é possível nessa fase. Portanto, o aprendizado não supervisionado pode ser usado como o primeiro passo antes de passar os dados para um processo de aprendizado supervisionado. Os dados não rotulados criam valores para os parâmetros e a classificação daqueles, e, em essência, esse processo pode adicionar rótulos aos dados para que sejam supervisionados.

Algoritmos de aprendizado não supervisionados podem ajudar as empresas a processar grandes volumes de dados novos. Esses algoritmos buscam definir padrões; no entanto, os dados ainda não são compreendidos. Por exemplo, a área da saúde coleta enormes quantidades de dados sobre uma doença específica que podem levar, na prática, a *insights* sobre os padrões de sintomas, permitindo relacioná-los aos resultados dos pacientes; vale imaginar quanto tempo levaria rotular todas as fontes de dados associadas a uma doença como a diabetes.

Portanto, uma abordagem de aprendizado não supervisionado pode ajudar a determinar resultados mais rapidamente do que uma abordagem de aprendizado supervisionado.

### Aprendizagem semissupervisionada

Aprendizado semissupervisionado é um meio-termo entre as técnicas que expusemos. Durante o treinamento, usa-se um pequeno subconjunto de dados rotulados para orientar o processo de classificação e de extração de recursos do conjunto maior de dados não rotulado. Essa técnica é muito utilizada quando se procura resolver o problema de falta de dados rotulados suficientes para treinar um algoritmo de aprendizado supervisionado.

## Aprendizagem por reforço

O aprendizado de máquina de reforço, ou *reinforcement learning*, é semelhante ao aprendizado supervisionado, e seu uso tem crescido nos últimos anos, pois se vale de um modelo comportamental. Caracteristicamente, o algoritmo, em vez de ser treinado usando dados de amostra, aprende à medida que utiliza técnicas de tentativa e erro e recebe um ajuste do sistema de recompensas e penalidades, que é ajustado por um ser humano. Uma sequência de resultados bem-sucedidos indicam a melhor maneira de se tratar determinado problema. Em suma, trata-se de um modelo de aprendizagem comportamental. Nele, o algoritmo recebe *feedback* da análise dos dados, para que o usuário seja guiado para obter o melhor resultado.

Uma das aplicações mais comuns de aprendizado de reforço está na robótica ou em jogos. Ilustra isso o treinamento de um robô para caminhar por um lance de escadas. O robô muda sua abordagem para navegar no terreno com base no resultado de suas ações. Quando cai, os dados são recalibrados para que as etapas sejam navegadas de forma diferente, até que o robô seja treinado por tentativa e erro e aprenda como subir o lance de escadas. Em outras palavras, o robô aprende com base em uma sequência bem-sucedida de ações. O algoritmo de aprendizagem precisa ser capaz de descobrir uma associação entre o objetivo de subir escadas com sucesso sem cair e a sequência de eventos que levam ao resultado.

Outro exemplo é o algoritmo que está sendo usado para carros autônomos. De muitas maneiras, treinar um carro autônomo é incrivelmente complexo porque existe uma infinidade de obstáculos potenciais. Se todos os carros na estrada fossem autônomos, este processo de tentativa e erro seria mais fácil de superar. No entanto, no mundo real, o comportamento dos motoristas humanos muitas vezes é imprevisível. Mesmo diante desse cenário complexo, o algoritmo pode ser otimizado ao longo do tempo para encontrar maneiras de se adaptar ao estado onde as ações são as mais adequadas.

Observando como os cientistas de dados estão usando as técnicas de aprendizado de máquina para atingir os objetivos de negócios, é possível verificar como a organização pode aplicar melhor essas técnicas para gerenciar seu crescimento. O aprendizado de máquina é uma abordagem sistemática para utilizar algoritmos e modelos e identificar os mais apropriados para resolver um problema de negócios. De toda forma, é imprescindível que os cientistas de dados, no desenvolvimento de seus modelos, utilizem os algoritmos certos, os dados mais apropriados (precisos e limpos) e as técnicas de aprendizagem mais adequadas. Todos esses elementos, combinados, permitem desenvolver o melhor modelo.

A IA tem o potencial de remodelar totalmente mercados e estratégias de negócios. Por exemplo, técnicas de aprendizado de máquina estão sendo usadas para transformar a indústria automobilística com carros autônomos. Algoritmos e modelos estão revolucionando a forma como uma imagem de raio X é analisada. A aprendizagem de máquina pode fornecer formas proativas de detecção antecipada de vulnerabilidades de segurança, capacidades que podem ser reparadas antes que o dano seja causado.

Existem centenas de soluções diferentes que podem ser criadas com o potencial de transformar setores inteiros. Diferentes abordagens e algoritmos podem ser aplicados, dependendo do problema que está sendo abordado. Precisa-se entender o problema a ser resolvido, e o modelo projetado deve representar uma compreensão real desse problema, dos dados e da capacidade do usuário de prever resultados com base neles.

Em vez de começar com a lógica de negócios e, então, aplicar dados, as técnicas de aprendizado de máquina permitem que os dados criem a lógica. Um dos principais benefícios dessa abordagem é remover suposições e preconceitos de negócios que podem fazer os líderes se adaptarem a uma estratégia que talvez não seja a melhor.

Utilizar IA requer foco no gerenciamento dos dados certos e em sua preparação. As organizações também devem ser capazes de selecionar os algoritmos certos e que podem fornecer modelos bem-projetados. O trabalho não termina aí: o aprendizado de máquina requer um ciclo de gerenciamento de dados, de modelagem, de treinamento e de teste.

Como tudo em desenvolvimento e implantação de aplicativos complexos, utilizar algoritmos de IA envolve um processo de planejamento para entender o problema de negócios que precisa ser resolvido e coletar as fontes de dados corretas. Ao construir aplicativos a partir da lógica, supõe-se que os processos de negócios permanecerão constantes. Contudo, a realidade é que os processos mudam. Se se começar modelando dados, isso levará a mudanças nos processos e, em decorrência, na lógica.

### Os algoritmos

Não há como abordar os temas IA e aprendizado de máquina sem citar os algoritmos, que são um conjunto de instruções para um computador sobre como interagir, manipular e transformar dados. Um algoritmo pode ser tão simples como uma técnica para adicionar uma coluna de números em um relatório, ou tão complexo como o processo de identificação do rosto de alguém em uma foto.

Para ser operacional, o algoritmo tem de ser composto como um programa que os computadores podem entender. Algoritmos de aprendizado de máquina são mais frequentemente escritos em uma das várias linguagens: Java, Python ou R. Cada uma dessas linguagens inclui bibliotecas que suportam uma variedade de algoritmos para o aprendizado de máquina. Além disso, esses idiomas têm comunidades de usuários ativos que contribuem regularmente com códigos e discussão de ideias, assim como com desafios e abordagens para problemas de negócios.

Algoritmos de aprendizado de máquina são diferentes de outros algoritmos. Com a maioria dos modelos, um programador começa desenvolvendo o algoritmo do início ao fim; no entanto, com o aprendizado de máquina, o processo é invertido, uma vez que, a partir do algoritmo inicial selecionado, os próprios dados desenvolvem seu modelo. Assim, quanto mais dados são adicionados ao algoritmo, mais sofisticado ele fica. Como o algoritmo de aprendizado de máquina é exposto a mais e mais dados, torna-se, em geral, cada vez mais preciso.

## Tipos de algoritmos de aprendizado de máquina

Selecionar o algoritmo certo é, a um só tempo, ciência e arte. Dois cientistas de dados encarregados de resolver o mesmo desafio de negócios podem escolher algoritmos diferentes para abordar o mesmo problema. Nesse sentido, compreender diferentes classes de algoritmos de aprendizado de máquina ajuda os cientistas de dados a identificar os melhores tipos de algoritmos. Por isso, apresentamos brevemente seus principais tipos.

### Algoritmos bayesianos

Os algoritmos bayesianos são utilizados para aprendizagem de máquina e são baseados no teorema de Bayes, do qual derivam também os modelos estatísticos bayesianos. Similarmente, o objetivo da ML bayesiana é estimar a distribuição posterior $(p(\theta|x)\mathrm{p}(\theta|x))$ dadas a verossimilhança $(p(x|\theta)\mathrm{p}(x|\theta))$ e a distribuição *a priori*, $p(\theta)\mathrm{p}(\theta)$. Contudo, na aprendizagem de máquina, a probabilidade é estimada com base nos dados de treinamento. Assim, faz-se a **estimativa de máxima verossimilhança**, que é um processo popular e muito aplicado na estatística. Ele é interativo e atualiza os parâmetros do modelo na tentativa de maximizar a probabilidade de ver os dados de treinamento $xx$ já tendo visto os parâmetros do modelo $\theta\theta$.

Espera-se que, nos próximos anos, a importância e o uso dos algoritmos bayesianos aumentem, uma vez que facilitam compreender casualidades e associar relações de causas e efeitos nos algoritmos de aprendizado de máquina. Afinal, uma das maiores reclamações do uso de algoritmos de aprendizagem de máquina é a dificuldade de se compreender como eles realmente funcionam.

### Algoritmos de agrupamento (*clustering*)

O agrupamento é uma técnica bastante simples de se entender, pois objetos com parâmetros semelhantes tendem a ser agrupados. Todos os objetos em um *cluster* são mais semelhantes entre si do que objetos em outros *clusters*. *Clustering* é um tipo de organização não supervisionada de aprendizagem de máquina porque os dados não são rotulados. O algoritmo interpreta os parâmetros que compõem cada item e os agrupa adequadamente em um aglomerado, o *cluster*.

### Algoritmos de árvore de decisão

Algoritmos de árvore de decisão usam uma estrutura ramificada para ilustrar os resultados de uma decisão. Árvores de decisão podem ser usadas para mapear as possibilidades importantes para uma decisão. Cada nó de uma árvore de decisão representa um resultado possível, e as porcentagens são atribuídas aos nós com base na probabilidade de ocorrência do resultado. As árvores de decisão muitas vezes são usadas para campanhas de *marketing* e decisões similares. Por exemplo, quando se deseja prever o resultado do envio de prospectos com um cupom de 20% de desconto para os clientes, pode-se dividir os clientes em quatro segmentos:

1. persuadíveis que provavelmente farão compras se receberem uma divulgação;
2. certeza de que vão comprar, não importa o que aconteça;
3. causas perdidas que nunca comprarão;
4. clientes sensíveis que podem reagir negativamente a uma divulgação.

Sendo necessária a campanha de *marketing*, não é aconselhável enviar itens para os três últimos grupos, pois provavelmente não responderão ao incentivo: deve-se, ao contrário, enfatizar os persuadíveis, que proporcionarão o melhor retorno sobre o investimento. Nessa perspectiva, uma árvore de decisão ajuda a mapear esses quatro grupos de clientes e os que aderirão à campanha.

### Algoritmos para redução de dimensionalidade

Como já mencionado, a redução da dimensionalidade auxilia sistemas a remover atributos e variáveis pouco úteis no processo de análise. Esse grupo de algoritmos é usado para remover dados redundantes, *outliers* e outros dados não úteis. Além disso, pode ser útil ao analisar dados de sensores e outros casos de uso da internet das coisas, os quais podem ser milhares de pontos de dados simplesmente informando que um sensor está ligado ou dar a conhecer suas constantes leituras. Isso significa que armazenar e analisar esses dados não é útil e ocupa um espaço de armazenamento importante. Ademais, por remover dados redundantes, o desempenho de um sistema de aprendizado de máquina tende a ser melhor. Finalmente, a redução da dimensionalidade ajuda os analistas a visualizar os dados de maneira mais clara.

### Algoritmos baseados em instância

Algoritmos baseados em instância são usados quando se deseja categorizar novos pontos de dados com base em semelhanças com aqueles de treinamento. Esse conjunto de algoritmos às vezes é chamado de *alunos preguiçosos*, porque não há fase de treinamento. Em vez disso, esses algoritmos simplesmente combinam os novos dados com os de treinamento e categorizam os novos pontos de dados. O aprendizado baseado em instância não é adequado para conjuntos de dados que têm variação aleatória, que são irrelevantes ou com valores ausentes.

Esse tipo de algorítimo é útil no reconhecimento de padrões, sendo altamente usado em análises nos campos biológico, farmacêutico, químico e de engenharia.

### Algoritmos de regressão

Algoritmos de regressão são comumente usados para análise estatística e são essenciais para uso em aprendizado de máquina. Eles ajudam os analistas a modelar relacionamentos entre pontos de dados e podem quantificar a força da correlação entre variáveis em um conjunto de dados.

A análise de regressão pode também ser útil para prever os valores futuros dos dados com base em seus valores teóricos. No entanto, é importante lembrar que esse tipo de análise pressupõe que a correlação envolve a causalidade, sem compreender o contexto dos dados, o que pode levar a previsões imprecisas.

### Algoritmos para regularização

A regularização é uma técnica de tratamento de modelos para evitar problemas de *overfitting*. É possível aplicar a regularização a qualquer modelo de aprendizado de máquina. Como exemplificação, pode-se regularizar um modelo de árvore de decisão. A regularização simplifica modelos excessivamente complexos, os quais são propensos a se ajustarem de forma excessiva e podem resultar em previsões imprecisas quando expostos a novos conjuntos de dados. Em outras palavras, verifica-se quando o modelo aprendeu demais sobre o conjunto de dados de treinamento e torna-se inadequado para tratar outros conjuntos de dados.

Algoritmos baseados em regras

Esse tipo de algoritmo usa regras relacionais para descrever os dados. Um sistema baseado em regras pode ser contrastado com sistemas de aprendizado de máquina, que criam um modelo, o qual, por sua vez, pode ser geralmente aplicado a todos os dados de entrada.

De modo geral, sistemas baseados em regras são muito fáceis de entender e resumem-se à seguinte fórmula: *se os dados X forem inseridos, fazer Y*. Todavia, conforme se torna operacionalizado, um sistema baseado em regras de abordagem ao aprendizado de máquina pode ficar demasiado complexo. Por exemplo: um sistema pode incluir 100 regras predefinidas. Enquanto o sistema encontra mais e mais dados e é treinado, é provável que centenas de exceções às regras surjam. Por isso, é importante ter cuidado ao criar uma abordagem baseada em regras que não se torne tão complicada a ponto de perder sua transparência.

## 2.4
## Linguagens para análise e modelagem de dados

Linguagem R

A linguagem R foi criada na década de 1990, embasada na linguagem de programação S. Trata-se de uma linguagem, um aplicativo multiplataforma e um compilador integrados. O sucesso da linguagem R, em comparação com a linguagem S, deve-se ao fato de que esta última foi desenvolvida pelo Bell Laboratories, da antiga da AT&T. O *software* para seu uso era pago (e caro). Já a linguagem R está disponível sob a Licença Geral Pública GNU e é um *software* livre, a partir do qual seus usuários podem, até mesmo, criar e disponibilizar pacotes que podem ser acessados e baixados gratuitamente. Eis a razão para o sucesso estrondoso da linguagem R entre estatísticos, analistas e cientistas de dados.

Por ser uma linguagem prática e um *software* livre, milhares de pacotes foram construídos colaborativamente por usuários e empresas em todo o mundo. Existem diversas soluções em R para todo o processo analítico dos dados, como captura e coleta, estruturação, análise, mineração, ML, interpretação e apresentação gráfica, reportes e até mesmo aplicativos para consumo de usuários leigos em programação. A diversidade de bibliotecas, de modelos, de análise de séries temporais e de testes estatísticos clássicos é amplamente utilizada por pesquisadores científicos, cientistas sociais, estudantes, profissionais das mais diversas áreas e, obviamente, por profissionais e cientistas de dados de diferentes setores econômicos.

Sua receptividade pelos diferentes perfis profissionais se deve ao fato de que programar em R é uma tarefa relativamente simples quando comparada com outras linguagens, e até mesmo não programadores se sentem confortáveis com seu uso e sua aplicação.

Figura 2.1 – Exemplo de programação em linguagem R

```
> x <- 3 # Crie uma variável x com valor 3.
> y <- 4+x # Crie uma variável y baseada no valor de x.
> print(y) # Imprima (mostre na tela) o valor de y.
[1] 7



> k <- 1:3 # Crie um vetor k numérico de 1 até 3.
> z <- k^2  # Crie um vetor z baseado nos valores do vetor k.
> print(Z) # Imprima o valor do vetor k.
[1] 1 4 9


> w <- k + z # Crie um novo vetor que é a soma de k e z.
> w # Retorne o conteúdo do novo vetor w.
[1] 2 6 12
```

Vale acrescentar que a linguagem R conta com cerca de 2 milhões de usuários em sua comunidade ativa. Isso, naturalmente, contribui para o compartilhamento de dicas e para que os profissionais, iniciantes ou veteranos, solucionem suas dúvidas mais complexas.

## Python

Python é uma linguagem lançada na década de 1990 com o objetivo de proporcionar a escrita de um código simples, limpo e legível pelos desenvolvedores. Atualmente, é mais popular entre analistas e cientistas de dados, além de outras aplicações no desenvolvimento de *software*. Alcançou amplo uso no *back-end* (bastidores dos *softwares*) e no *front-end* (telas de aplicação e interação com usuários). Sua vantagem mais evidente é a facilidade de programação. Além disso, se passar a ter uma Licença Geral Pública GNU, esse modelo de desenvolvimento comunitário e aberto a tornará muito popular. Muitos usuários salientam que o fato de a linguagem priorizar a leitura do código sobre a velocidade ou a expressividade e combinar uma sintaxe concisa e clara com os recursos bastante eficientes a torna ainda mais atrativa.

Atualmente, é uma das linguagens que mais crescem entre os novos programadores de *software* e é a preferida pelos novos cientistas de dados, entrando em competição com a R. Por suas características, ela é utilizada principalmente – mas não exclusivamente – para processamento de textos, de dados científicos e de páginas dinâmicas de desenvolvimento *web*.

## Diferenças entre as linguagens R e Python

Apesar da semelhança entre essas duas linguagens, existem diferenças que um cientista de dados precisa conhecer para eleger a mais adequada para determinada tarefa em questão. Cotejemos, pois, as duas.

Python pode ser utilizada em várias circunstâncias: construção de soluções *web – back-end e front-end –*, microsserviços, Interface de Programação de Aplicação (API, do inglês *Application Programming Interface*), processamento de textos, aplicações para *games*, análise de dados e dispositivos móveis. Ela tem, portanto, propósito geral, o que a diferencia fundamentalmente da linguagem R.

Por seu turno, atualmente a linguagem R pode ser programada para outros fins que não a análise de dados, como a criação de APIs ou mesmo de telas e interfaces; porém, nesse caso, sua *performance* e abrangência de uso são menores. A linguagem R é direcionada para o desenvolvimento de soluções de computação estatística e gráfica, de forma relativamente mais veloz do que a Python. A escolha depende, pois, dos objetivos de projeto.

Nos últimos anos, justamente por conta da disseminação dos algoritmos de aprendizagem de máquina, tem se observado uma migração de cientistas no uso de R para Python, justamente pelo fato de muitos algoritmos de aprendizagem de máquina exigirem um maior conhecimento de desenvolvimento de *software* do que no passado.

## 2.5
## Plataformas e aplicativos para análise e modelagem de dados

### Hadoop

O Hadoop é uma estrutura de código aberto, cuja licença é Apache License 2.0. É compatível com a Licença Pública Geral, semelhantemente às linguagens R e Python, no que diz respeito ao acesso e uso. Hadoop foi pensado para lidar com componentes do armazenamento e do processamento de quantidades enormes de dados, e sua biblioteca de *software* é considerada versátil e acessível pelos programadores. Todavia, sua linguagem em Java pode ser um empecilho para alguns usuários.

Seu processamento faz uso de *clusters* de processadores para lidar com o grande volume de dados. Entre as principais vantagens para o uso de Hadoop, está sua capacidade de armazenar, gerenciar e analisar grandes quantidades de dados, estruturados ou não, de forma rápida e com um baixo custo, conforme os atributos a seguir:

» escalabilidade;
» confiabilidade;
» flexibilidade;
» baixo custo.

Spark

Spark é um outro *framework* cuja licença é gratuita e funciona com um sistema de arquivos distribuídos em *clusters* e com processamento em paralelo. Este é mais moderno que o Hadoop e para arquivos menores pode ter um desempenho muito superior. Spark suporta Java, Python e Scala, que é uma linguagem mais recente e que contém algumas propriedades interessantes para o tratamento de dados.

O Spark tem função Map e função Reduce, assim como o MapReduce do Hadoop, mas acrescenta outras, como Filter, Join e Group-by, além de bibliotecas para aprendizagem de máquina, para *streaming*, para programação gráfica e para Linguagem de Consulta Estruturada (SQL, do inglês Structured Query Language) tornando mais versáteis, aplicáveis e fáceis seu desenvolvimento e seu uso.

Além de conhecer as linguagens e as ferramentas para tratamento dos dados, é importante conhecer alguns dos serviços em nuvem (*cloud*) disponíveis no mercado os quais visam a simplificar o uso, reduzir custos e elevar a capacidade ao fornecer *clusters* de processamento de forma compartilhada, com alta disponibilidade.

### Google Colab

Talvez a ferramenta mais fácil e importante para o iniciante em aprendizagem de máquina seja o Colaboratory, ou Colab. Ele é um produto do Google Research, divisão de pesquisas científicas do Google. De simples acesso e interação, permite que qualquer pessoa escreva e execute o código Python a partir de seu navegador *web*. Não requer configuração para uso, tem acesso gratuito a recursos de processamento e é especialmente adequado para trabalhos de aprendizado de máquina, bem como para análise de dados e para trabalhos relacionado à educação.

Figura 2.2 – Google Colab

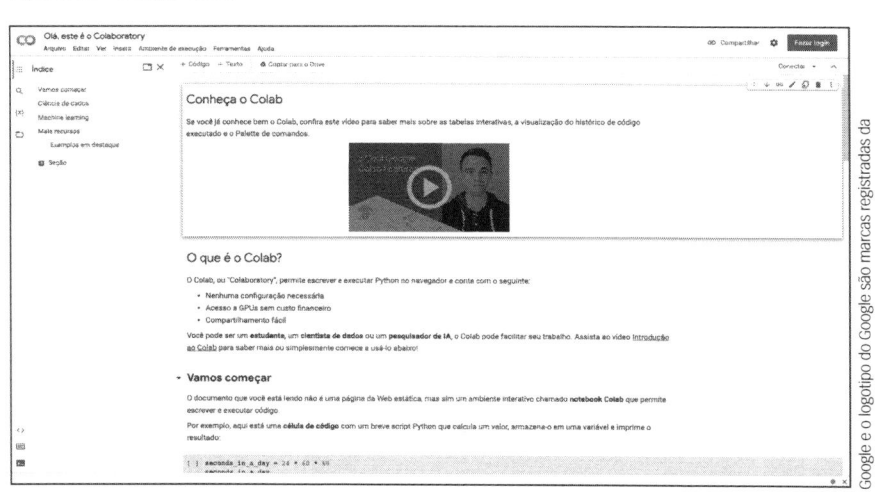

Fonte: Colaboratory, 2023.

Outra vantagem é que o Colab está disponível em português e conta com um excelente e didático descritivo de como progredir na programação e na aplicação de algoritmos de aprendizagem de máquina.

É preciso, contudo, ter em mente que seus recursos são limitados e não têm garantia de disponibilidade. Isso é necessário para que o ambiente compartilhado ofereça uma ampla gama recursos grátis a todos os usuários.

### Amazon Web Services

Amazon Web Services é um provedor de serviços *on-line* para *websites* ou para aplicações baseado em nuvem. Oferece, com alta disponibilidade, capacidade e redução de custos, funcionalidades que desenvolvedores podem usar em suas aplicações.

# capítulo 3

## Aprendizado de máquina e IA: aprofundamento

**Conteúdos do capítulo**

- » *Deep learning*.
- » Redes neurais.
- » Processamento de Linguagem Natural (PLN).
- » Visão computacional.
- » Tipos de análise e de visualização de dados.

Após o estudo deste capítulo, você será capaz de:

1. diferenciar as ferramentas de inteligência artificial (IA);
2. reconhecer diferentes aplicações da IA;
3. usar diferentes ferramentas de visualização de dados.

## 3.1 Conhecimentos avançados no aprendizado de máquina

Como o *deep learning* e o aprendizado de máquina tendem a ser usados de forma intercambiável, vale a pena observar as *nuances* entre os dois. Convém esclarecermos: aprendizado de máquina, *deep learning* e redes neurais são subcampos da IA.

O aprendizado de máquina e o *deep learning* diferem, *grosso modo*, na forma como seus algoritmos aprendem. O segundo tem a capacidade de eliminar grande parte da intervenção humana, permitindo explorar maiores conjuntos de dados. Seria como uma "aprendizagem de máquina escalável". Já o primeiro geralmente requer que especialistas humanos determinem o conjunto de atributos que diferem as entradas de dados, exigindo dados mais estruturados para aprender.

O *deep learning* é atrativo por ingerir dados não estruturados em sua forma bruta (por exemplo, texto, imagens) e determinar automaticamente o conjunto de recursos que distinguem diferentes categorias de dados. Entretanto, tais facilidades requerem um conjunto muito grande de dados a serem ingeridos e processados pelo algoritmo, o que pode consumir muito processamento (dinheiro) ou, pior, a quantidade de dados ser insuficiente para alcançar uma calibração (qualidade de saída) satisfatória. Ao contrário do aprendizado de máquina, não requer intervenção humana para processar esses dados, permitindo dimensionar o aprendizado de máquina de maneiras mais interessantes.

O *deep learning* e as redes neurais estão associados a usos mais complexos e são muito reconhecidos por acelerar o progresso em áreas como a visão computacional e de Processamento de Linguagem Natural (PLN). As redes neurais artificiais são compostas de camadas de nós ou neurônios artificiais, contendo uma camada de entrada, uma ou mais camadas ocultas e uma camada de saída. Cada nó conecta-se a outro, associando um peso e um limiar. Se esse peso é superior ao limiar especificado, o nó é ativado, enviando dados para a camada subsequente da rede; caso contrário, é inativado. O conceito *profundo* se refere à profundidade ou quantidade de camadas na rede: se esta contém três camadas ou mais, incluindo as entradas e a saída, já pode ser considerada uma rede neural profunda.

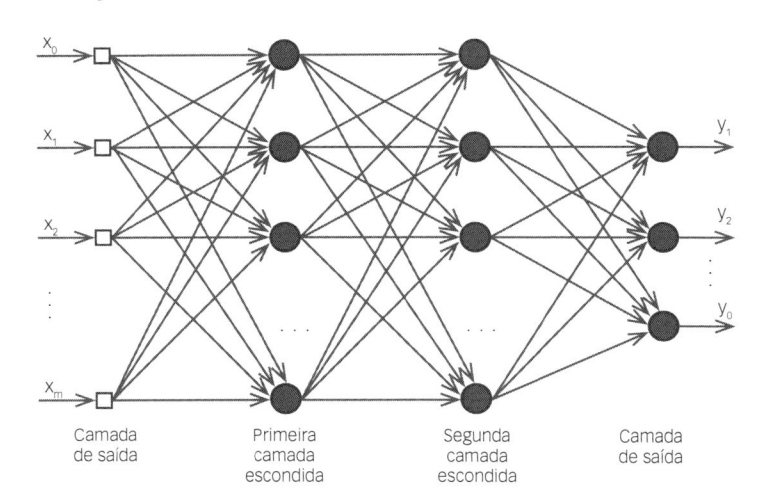

Figura 3.1 – Esquema de funcionamento das camadas de ativação do *deep learning*

[Esquema com camada de saída ($x_0, x_1, x_2, ..., x_m$), Primeira camada escondida, Segunda camada escondida e Camada de saída ($y_1, y_2, ..., y_0$)]

Fonte: Oliveira et al., 2010.

O *deep learning* incorpora redes neurais profundas a fim de aprender a partir de dados de maneira iterativa. É aplicável quando o interesse é identificar padrões em dados não estruturados. Em outras palavras, essas redes são projetadas para lidar com problemas parcamente definidos. Usando uma abordagem criativa, uma rede neural se ajusta continuamente e faz inferências até que um ponto de parada específico seja alcançado: quanto mais complexo é o problema, mais camadas ocultas são necessárias ao modelo.

Existem muitas áreas em que o *deep learning* tem impacto sobre o ambiente de negócios. Um exemplo é o reconhecimento de voz, que, num futuro próximo, terá aplicações em tudo – desde em automóveis até no gerenciamento de clientes. Aplicativos de manufatura da internet das coisas podem ser usados para prever quando uma máquina apresentará problemas ou funcionará mal. Algoritmos de *deep learning* podem ajudar os policiais a, por exemplo, rastrear movimentos de um suspeito.

Não há como abordar o *deep learning* sem citar o *big data*, que nada mais é do que grandes fontes de dados que apresentam algumas características:

» **volumes** de dados extremamente altos;
» **velocidade** para tratar esses dados;
» **variedade** das fontes de dados;
» **veracidade** de dados que representam a verdade.

A precisão de um modelo de aprendizado de máquina pode aumentar, principalmente se for treinado em *big data*. Sem dados suficientes, as decisões tomadas sobre pequenos subconjuntos dos dados podem levar a uma má interpretação de uma tendência ou à não identificação de um padrão que está apenas começando a emergir. Embora o *big data* possa ser muito útil para treinar modelos de aprendizado de máquina, as organizações também podem usar o aprendizado de máquina com apenas alguns milhares de pontos de dados.

Os dados têm de ser avaliados com base na precisão e no contexto. Um negócio inovador em um mercado em rápida mudança necessita implantar modelos capazes de fazer inferências em milissegundos para avaliar rapidamente a melhor oferta para um cliente em risco ou para mantê-lo feliz. É preciso identificar a quantidade certa e os tipos de dados que podem ser analisados para impactar os resultados de negócios. *Big data* incorpora todos os dados, incluindo dados estruturados, não estruturados e semiestruturados de *e-mail*, de mídia social, de fluxos de texto, de imagens e de sensores de máquinas. Essa tecnologia requer recursos projetados para coletar, armazenar, gerenciar e manipular essas grandes quantidades de dados na velocidade certa e da maneira adequada na hora de obter os *insights* necessários. Com a evolução do poder computacional, dos discos de alta disponibilidade, de tecnologia de ponta e arquiteturas de nuvem híbrida, é possível gerenciar imensos volumes de dados que, no passado, só poderiam ter sido manipulados por supercomputadores, processo que certamente teria um grande custo.

### Redes neurais artificiais

Como explicamos, *deep learning*, uma das várias linhas de estudo da IA, são as redes neurais, modelos computacionais que buscam imitar o funcionamento do cérebro humano. Assim como outros algoritmos, são capazes de reconhecer padrões ainda mais complexos e não linearidades, como as necessárias para visão computacional, *chatbots* inteligentes, com o diferencial de terem a capacidade de processar dados em paralelo, o que significa que podem lidar com mais de uma tarefa ao mesmo tempo. Além de serem resistentes, o que significa que a perda de uma ou mais células, influenciam o desempenho das redes neurais artificiais sem que elas fiquem inutilizadas.

Uma rede neural artificial emula a forma como o cérebro humano aborda problemas mediante o uso de camadas de processamento interconectadas para aprender e inferir relacionamentos com base nos dados observados, por isso a atribuição do nome *rede*. Essa rede pode ter várias camadas conectadas. Quando há mais do que uma camada oculta, é chamada de *profunda*. Modelos de rede neural são capazes de se ajustar e aprender conforme os dados mudam. Frequentemente as redes neurais artificiais são usadas quando os dados são não rotulados ou não estruturados.

Os carros autônomos usam aprendizado profundo para ajudar o veículo a entender o ambiente ao redor do carro. À medida que as câmeras capturam imagens do ambiente circundante, algoritmos de *deep learning* interpretam os dados não estruturados para ajudar o sistema a tomar decisões quase em tempo real. Da mesma forma, o aprendizado profundo está embutido em aplicativos que os radiologistas usam para ajudar a interpretar as imagens médicas e outras ferramentas de reconhecimento de imagens.

## 3.2
# Dilemas éticos da IA

Conforme a tecnologia de aprendizado de máquina avança, as práticas tendem a ser facilitadas, mas sua implementação nas empresas tem feito emergir certas preocupações éticas. Pesquisadores não estão preocupados com a ideia de a IA poder superar a inteligência humana, a chamada *superinteligência*, que Nick Bostrom (2014, p. 15) define como "qualquer intelecto que supera amplamente os melhores cérebros humanos em praticamente todos os campos, incluindo criatividade científica, sabedoria geral e habilidades sociais". Não obstante a superinteligência não seja iminente na sociedade atual, a ideia levanta diversas questões éticas interessantes quando consideramos sua aplicação em sistemas autônomos, como nos carros. É irreal pensar que um carro sem motorista nunca sofreria um acidente, mas quem seria o responsável nessa circunstância, por exemplo? Devemos ainda buscar veículos autônomos? Ou devemos limitar a integração dessa tecnologia para criar apenas veículos semiautônomos que promovam a segurança dos motoristas? Esses são debates éticos que estão ocorrendo à medida que a nova e inovadora tecnologia de IA se desenvolve.

Outro receio é que a IA tome empregos especializados ou em grande número. Essa preocupação provavelmente deve ser reformulada, dado que, a cada nova tecnologia disruptiva, a demanda do mercado por funções específicas muda. Por exemplo, na indústria automotiva atual, os fabricantes estão se concentrando na produção de veículos elétricos, substituindo a demanda de combustíveis fósseis para se alinharem às iniciativas verdes – a indústria de energia não está desaparecendo, mas alterando sua matriz. A IA deve ser analisada de maneira semelhante: com ela, haverá o deslocamento da demanda de empregos para outras áreas. Assim, serão necessários profissionais capacitados para gerenciar esses sistemas à proporção que os dados crescerem e mudarem, além de recursos para resolver problemas complexos nas indústrias. A IA e seu efeito no mercado de trabalho ajudará os indivíduos a fazer a transição para essas novas áreas de demanda.

A privacidade também tende a ser discutida no contexto do uso, da proteção e da segurança dos dados. Essas preocupações permitiram que os formuladores de políticas públicas desenvolvessem legislações específicas com o intuito de proteger os usuários, como o Regulamento Geral sobre a Proteção de Dados (General Data Protection Regulation). Trata-se de um regulamento do direito europeu sobre privacidade e proteção de dados pessoais. Ele foi criado em 2016 como uma grande iniciativa pública para proteger os dados pessoais de pessoas na União Europeia, dando aos indivíduos o controle sobre suas próprias informações. Como desdobramento, nos Estados Unidos, por exemplo, a Lei de Privacidade do Consumidor da Califórnia (California Consumer Privacy Act) determinou que as empresas informem os consumidores sobre a coleta de seus dados.

No Brasil, passou a vigorar, em 2020, a Lei n. 13.709, de 14 de agosto de 2018 (Brasil, 2018), conhecida como Lei Geral de Proteção de Dados (LGPD), que demanda esforços para garantir a proteção e a segurança de dados pessoais e sensíveis ante a coleta ou o tratamento de dados pessoais no nosso país. O atendimento e o *compliance* com a LGPD, assim como com a General Data Protection Regulation, representam uma oportunidade para reforçar a postura de transparência das empresas sobre a privacidade de seus clientes, a fim de preservar e fortalecer seu engajamento.

Essas legislações recentes forçaram as empresas a repensar como coletam, armazenam e utilizam dados de identificação pessoal de seus clientes e consumidores, tendo como resultado maiores investimentos em segurança para as organizações que buscam eliminar vulnerabilidades a ataques cibernéticos. Nesse contexto, outra característica intrínseca aos modelos e projetos de IA se torna evidente e se relaciona à transparência de funcionamento dos algoritmos quanto a possíveis instâncias de preconceito e discriminação: como podemos nos proteger contra preconceitos e discriminação quando os próprios dados de treinamento podem se prestar a preconceitos?

Embora as empresas sejam bem-intencionadas quanto ao uso de IA, é importante destacar algumas possíveis consequências imprevistas. Ilustra isso o caso da Amazon em seu processo de contratação de funcionários, no qual pode ter involuntariamente induzido potenciais candidatos a vagas de emprego classificadas por gênero, gerando certo grau de discriminação; diante do ocorrido, a empresa encerrou o uso da aplicação. Davenport e Ronanki (2018) levantaram questões pontuais sobre o uso da IA nas práticas de contratação, principalmente sobre quais dados podem ser usados ao avaliar um candidato a uma função.

Atributos de preconceito e discriminação também podem ser encontrados em vários aplicativos, desde *softwares* de reconhecimento facial, concessão de crédito, fraudes, até algoritmos de mídia social. Perante tais problemas, as empresas também têm se tornado mais conscientes dos riscos da IA e mais ativas nessa discussão sobre ética e valores. Por exemplo, em 2020, o CEO da International Business Machines (IBM) encaminhou uma carta ao congresso americano informando que a empresa desativara seus produtos de uso generalista para análise e reconhecimento facial, reforçando seu posicionamento de que se opõe firmemente ao uso de qualquer tecnologia, incluindo a de reconhecimento facial oferecida por outros fornecedores, para vigilância, discriminação racial, violações de direitos humanos e de liberdades básicas ou para qualquer propósito que não seja consistente com seus valores e princípios de confiança e transparência (Reuters, 2020).

O mesmo ocorreu em 2016 com o aplicativo de IA Tay, criado pela Microsoft para interagir com adolescentes nas redes sociais, o qual foi tirado do ar menos de 24 horas depois de ser ativado e exposto à internet. O aplicativo, que deveria se tornar mais perspicaz e inteligente ao conversar com humanos, passou a reproduzir padrões de racismo e intolerância, usando termos impublicáveis para se referir a negros e mulheres, além de declarar suporte ao genocídio e apoio a causas de supremacistas brancos (Exposto…, 2016).

Mais recentemente, a humanidade se deparou com novo dilema – os direitos das máquinas. Um engenheiro da Google, Blake Lemoine, veio a público alegando que o Lambda, o sistema de IA para construir *chatbots* em desenvolvimento do Google, ganhou vida, isto é, sua tecnologia havia se tornado senciente, dotada de sensações ou impressões próprias. E mais: conforme o mesmo engenheiro, tal sistema foi capaz de contratar um advogado para defender o seu direito de não ser desligado!

Como não há legislação específica para regular as práticas de IA, não há hoje um mecanismo real de aplicação para garantir que a IA ética seja praticada. Os incentivos atuais para as empresas aderirem a essas diretrizes são as repercussões negativas de um sistema antiético. Para preencher a lacuna, estruturas de governança éticas surgiram como parte de uma colaboração entre especialistas em ética e pesquisadores para governar a construção e a distribuição de modelos de IA na sociedade. No entanto, no momento, eles servem apenas para orientar, mostrando que a combinação de responsabilidade distribuída e falta de previsão das possíveis consequências não é necessariamente propícia à prevenção de danos à sociedade.

## 3.3
## PLN

PLN é a ferramenta para treinar computadores capazes de entender textos escritos e a fala humana. Técnicas desse tipo são necessárias para capturar o significado de texto não estruturado documental ou de comunicação do usuário. Portanto, a PLN é a principal forma de os sistemas interpretarem textos e linguagem falada, sendo uma das tecnologias fundamentais que permitem que pessoas não técnicas interajam com tecnologias avançadas. Por exemplo, em vez de precisar codificar, a PLN ajuda os usuários a fazer perguntas sobre conjuntos de dados complexos. Ao contrário das informações de banco de dados estruturados, que se baseiam em esquemas para adicionar contexto e significado aos dados, as informações não estruturadas devem ser analisadas e marcadas para encontrar o significado do texto. Suas ferramentas normalmente incluem categorização, ontologias, escutas, catálogos, dicionários e modelos de linguagem.

## 3.4
## Visão computacional

A visão computacional estuda a captura, o processamento e a interpretação de imagens do mundo real por um computador. Também investiga maneiras de dar às máquinas a capacidade de interpretar visualmente informações e tomar decisões com base nisso. Para entender visão computacional, é necessário entender o conceito de *imagem* e o de *processamento de imagens*:

» Trata-se de conceito bastante abstrato, mas, do ponto de vista computacional, imagem pode ser compreendida como um conjunto de dados.

» Já o processamento de imagem é a atividade empreendida com o fito de atenuar variações e ruídos nesses conjuntos de dados, a fim de permitir sua interpretação. A imagem é vista pelo computador como uma função, existindo diversas técnicas matemáticas para tratar e modelar esses dados.

Com base nesses conceitos, a visão computacional elabora um sistema completo automatizado para a captura das imagens, o tratamento, o processamento e a análise das informações, incluindo gatilhos e comandos para um processo subsequente: aquisição, processamento, adequação e otimização das imagens; análise por meio de incógnitas que permitem a interpretação computacional; reconhecimento de padrões, no qual as imagens são classificadas por suas características similares.

Feito o reconhecimento de padrões, gatilhos ou ações podem ser iniciados pelo sistema de forma automática, dando sequência ao processo. Devido à complexidade das aplicações, cada caso deve ser desenvolvido, planejado e executado individualmente, tornando o investimento algo bastante elevado, o que limita as aplicações da visão computacional.

## Construção do conhecimento com base em dados

Conforme definido por Frota e Frota (1994), o termo *dados* se refere a uma representação dos fatos, dos conceitos ou das instruções de uma maneira normalizada que se adapte à comunicação, à interpretação e ao processamento pelo ser humano ou por máquinas.

A palavra *informação* sempre foi ambígua e utilizada para designar diversos conceitos, mas, de maneira geral, envolve dar significado e contexto aos dados, uma vez que, por si só, dados não têm significância (Tarapanoff, 2006). *Conhecimento*, por sua vez, inclui descrições, hipóteses, conceitos, teorias, princípios e procedimentos aplicados em temas do dia a dia.

A escolha do tipo de análise de dados é fator preponderante de sucesso para conhecer um processo de modelagem. Técnicas de análise de dados são fundamentalmente diferentes, e a mais adequada é que irá efetivamente responder a seu problema de negócio e conferirá valor a sua estratégia de negócios.

Analisar dados é empregar raciocínio analítico crítico, isento de vieses, com o objetivo de extrair informação e conhecimento. Aqui assumimos *conhecimento* como uma representação do fenômeno que originou esses dados. Como exemplo, tem-se o administrador de uma empresa que avalia o desempenho de seu negócio e aprende com as relações já consumadas entre investimento e receita para planejar suas táticas e estratégias. Para alcançar os objetivos, é preciso compreender os diferentes tipos de análises, que são basicamente quatro: descritiva, diagnóstica, preditiva e prescritiva. Essa ordem compreende, em escala, a sua complexidade e, num cenário econômico, o valor de cada uma.

Análise descritiva

Segundo Freund e Simon (2000), esse tipo de análise descreve os dados observados, com o intuito de fazê-los "confessar" o que aconteceu. Também é conhecido como *estatística descritiva*, pois utiliza métodos estatísticos. Por exemplo, é possível descrever os acessos a um *site* de comércio eletrônico, num intervalo de tempo, pela média de visitas de usuários. *Média*, aliás, é um conceito emprestado da estatística e é bastante útil na análise descritiva.

Esse tipo de análise ajuda a compreender a realidade de um negócio. Isso significa que se deve entender o contexto dos dados, a fim de compreender sua realidade atual. Essa abordagem ajuda as empresas a responder a perguntas como quais produtos estão vendendo mais num mês em comparação com o anterior e quais estão crescendo em vendas.

Destacamos que a análise descritiva é a mais básica e simples de executar, pois utiliza apenas cálculos simples, como soma, média, variância etc., e compõe a base dos *dashboards* de indicadores-chave de desempenho.

### Análise diagnóstica

Descritas as características dos dados, é natural se questionar sobre o que causa esses dados. A análise diagnóstica, nesse aspecto, ajuda a responder essas perguntas.

Esse tipo de análise se relaciona com a dinâmica dos dados, frequentemente de difícil identificação. Por exemplo, mil usuários, em média, acessam um *site* de comércio eletrônico por hora. Esse fato pode estar relacionado com uma defasagem de preços ou uma depreciação de determinado produto; com a deficiência dos seus concorrentes; com promoções de seu programa de fidelidade; com fenômenos sociais etc. Para identificar possíveis causas, é necessária a aplicação de testes de hipótese. Além de se tratar de um processo trabalhoso, há situações que escapam ao controle do analista. Daí surge o bordão "correlação não implica causalidade": correlação é uma característica dos dados, mas não pode ser imediatamente associada a uma causa sem a devida análise.

Estatísticas clássicas, ou convencionais, são de natureza inferencial, o que significa que são usadas para chegar a conclusões sobre os dados. A modelagem estatística consiste em fazer inferências e compreender características das variáveis existentes.

### Análise preditiva

Estando identificada a dinâmica dos dados e, possivelmente, suas causas, ao correlacionar causas e efeitos, há subsídios para fazer previsões. Para isso, é preciso abstrair o que aconteceu e pensar no que poderia ter acontecido. A análise preditiva ajuda a antecipar mudanças com base na identificação dos padrões e das anomalias das fontes de dados. Com esse tipo de modelo, os analistas assimilam diversas fontes de dados relacionadas, a fim de prever resultados futuros. A análise preditiva alavanca a sofisticação dos algoritmos de aprendizado de máquina, na busca de *insights* contínuos.

## Preste atenção!

Uma ferramenta de análise preditiva requer um modelo constantemente alimentado com novos dados que reflitam as mudanças nos negócios. Essa abordagem melhora a capacidade da empresa de prever mudanças sutis nas preferências do cliente, a erosão de preços, as mudanças de mercado e outros fatores que podem afetar o resultado futuro dos negócios.

Utilizar um modelo preditivo permite vislumbrar o futuro. Com ele é possível, por exemplo, responder aos seguintes tipos de perguntas:

» Como a experiência de navegação na *web* pode ser transformada para atrair um cliente com mais frequência?
» Como se prevê o desempenho de uma ação ou de um portfólio de ações com base em notícias internacionais e fatores financeiros internos?
» Quais remédios podem proporcionar o melhor resultado para um paciente com base nas características específicas e no seu sequenciamento genético?

### Análise prescritiva

Depois de descrever os dados, entender suas características e criar uma representação abstrata deles capaz de realizar previsões, conforme Freund e Simon (2000), o passo seguinte é introduzir objetivos a serem alcançados. Essa é a análise prescritiva, a etapa mais complexa do processo de análise de dados, pois demanda diversos e aprofundados conhecimentos sobre o processo em análise.

> **De olho na dica!**
>
> Suponha que se tenha que realizar uma campanha de marketing com o objetivo de aumentar em 15% a média de visitas em um *website* de comércio eletrônico. Sabendo-se que a quantidade de visitas se relaciona diretamente com o custo de um R$ 1,00 de determinado produto-chave, pode-se então sugerir a redução desse custo em 15%. Isso é uma prescrição do que fazer, com base na modelagem e nos objetivos a serem atingidos.

A estatística, a mineração de dados e o aprendizado de máquina têm papéis complementares na compreensão dos dados, de sua organização ou de seu mercado. As técnicas e ferramentas da estatística, por exemplo, descrevem o conjunto de dados para encontrar relacionamentos e padrões que permitem construir um modelo, de sorte que é importante destacar o uso abrangente delas na resolução dos problemas de negócios.

Muitos dos amplamente usados algoritmos de mineração de dados e de aprendizado de máquina estão enraizados na análise estatística clássica. Cientistas de dados combinam experiências em tecnologia com experiência em estatística, mineração de dados e aprendizado de máquina buscando usar todas as disciplinas de forma colaborativa. Independentemente da combinação de recursos e da tecnologia utilizada para prever resultados, ter a compreensão adequada do problema de negócios, dos objetivos dos negócios e, por fim, da experiência no assunto é essencial para alcançar bons resultados.

Modelos de aprendizado de máquina alavancam os algoritmos estatísticos e os utilizam para realizar análises preditivas. Em um modelo estatístico, uma hipótese é uma forma testável de confirmar a validade de um algoritmo em específico. Tendo isso em vista, a mineração de dados explora e analisa grandes quantidades de dados, buscando descobrir padrões nesses dados. Assim, algoritmos são usados para encontrar relacionamentos e padrões nos dados, e, então, essas informações sobre os padrões são usadas para fazer previsões e predições.

A mineração de dados também é usada para resolver diversos problemas de negócios, como detecção de fraude, ofertas de cestas de compras, análise de rotatividade de clientes etc. Tradicionalmente, organizações usam essas ferramentas em grandes volumes de dados estruturados, como gerenciamento de relacionamento com o cliente, banco de dados diversos ou inventários de materiais e peças. O objetivo da mineração de dados é explicar e compreender os dados, não se destinando a fazer previsões ou teste de hipóteses.

Fornecedores de soluções de *softwares* analíticos oferecem à mineração uma combinação de dados estruturados e não estruturados. Geralmente, o objetivo da mineração de dados é classificar dados de um conjunto de dados maior, para fins de classificação ou previsão. Por exemplo, um profissional de *marketing* pode estar interessado nas características das pessoas que responderam a uma promoção ou a uma oferta *versus* aqueles que não responderam. Nesse caso, a mineração de dados seria usada para extrair os dados de acordo com as duas classes diferentes e analisar as características de cada classe. No entanto, um profissional de *marketing* pode estar interessado em prever quais clientes responderiam àquela promoção. Nesse sentido, ferramentas de mineração de dados destinam-se a apoiar o ser humano nesse processo de tomada de decisão. Em adição, o aprendizado de máquina é utilizado para automatizar o processo de identificação de padrões que são usados para fazer essas previsões e a tomada de decisões.

## 3.5 Compreensão e visualização do conhecimento

A área de visualização de dados e informações é relativamente nova nas ciências de dados e vem ganhando reconhecimento graças aos avanços tecnológicos e científicos atuais baseados na captura de dados e informações, a qual pode sobrecarregar um analista ou pesquisador. Alertamos que dispor de muitos dados não significa muita informação, pois estes devem ser tratados de modo que obtenham significância e possam ser usados para tomada de decisão. Desse modo, é necessário saber organizar os dados para que sejam corretamente apresentados e interpretados. Essa necessidade impulsiona novas técnicas e ferramentas para visualização e representação.

Essa atividade guia o processo de análise na busca de transformar os dados em informação útil e capaz de ser assimilada de maneira fácil pelos usuários. Para isso, em geral, utilizam-se mecanismos de interação das ferramentas de visualização disponíveis no mercado. A seguir, apresentamos algumas atividades às quais a representação do conhecimento se adequa de forma recorrente no dia a dia dos negócios.

### Recuperar valor

Localizar atributos dos dados em determinado conjunto.

*Qual é o valor de atributos {X, Y, Z, ... } de um determinado conjunto de dados {A, B, C, ... }?*

Exemplos:

a) Qual foi a nota que o aluno X obteve no trabalho de inglês?
b) Quantos quilômetros por litro de gasolina determinado carro consome?

Filtrar

Selecionar dados de interesse para satisfazer a determinadas condições.

*Quais registros satisfazem certo conjunto de condições {A, B, C, ... }?*

Exemplos:

a) Quais alunos de Estatística obtiveram nota igual a 8 ou maior?
b) Quais valores satisfazem à equação Y?

Calcular um valor derivado

Aplicar uma operação matemática ou estatística, a fim de obter um valor derivado de certo conjunto de dados.

*Qual é o valor da função F ao longo do conjunto S de dados?*

Exemplos:

a) Qual foi a média geral dos alunos da disciplina de Produção de Textos?
b) Quantos fabricantes de carros existem na região?

Encontrar valores extremos

Encontrar o maior e/ou menor valor de um atributo, dentro de um conjunto de dados.

*Qual é o menor/maior valor encontrado do atributo A dentro de do conjunto de dados N?*

Exemplos:

a) Qual foi o aluno com média geral mais baixa?
b) Qual foi o aluno com média geral mais alta?

## Ordenar

Organizar um conjunto de dados de acordo com um atributo desejado.

*Em qual ordem se deseja classificar o conjunto de dados S de acordo com seu valor de atributo A?*

Exemplos:

a) Ordenar os alunos da disciplina de Cálculo em ordem alfabética.
b) Ordenar os valores de alcalinidade das amostras de forma crescente.

## Determinar o limite de domínios dos dados

Encontrar todos os valores possíveis que um dado pode ter em um de seus atributos.

*Qual é o domínio de valores de atributo A em um conjunto de dados S?*

Exemplos:

a) Quais são os possíveis valores em dinheiro que posso receber ao marcar pontos na loteria?
b) Quais são os possíveis valores de resistividade elétrica encontrados em determinado material?

## Caracterizar a distribuição de valores

Encontrar os valores mais frequentes de um atributo em determinado conjunto de dados.

*Qual é a distribuição de valores do atributo A do conjunto de dados S?*

Exemplos:

a) Qual é a distribuição das médias dos alunos da disciplina de Química Inorgânica?

b) Qual é a distribuição característica para a densidade de determinado material?

Encontrar anomalias

Encontrar dados com valores muito diferentes (excepcionais ou inesperados) em comparação aos demais dados do conjunto.

*Quais dados do conjunto de dados S apresentam valores excepcionais ou inesperados?*

Exemplos:

a) Quais são as exceções para o Princípio de Exclusão de Pauli?
b) Quais amostras tiveram valores de magnetização divergentes em relação ao conjunto de amostras medidas?

Identificar grupos

Encontrar grupos de valores de atributos semelhantes em um conjunto de dados.

*Quais valores do conjunto de dados S são semelhantes em termos dos atributos $\{X, Y, Z...\}$?*

Exemplos:

a) Agrupar os alunos de Ciências por média geral mais próxima.
b) Agrupar os artigos por data de publicação mais recente.

Correlacionar

Encontrar alguma espécie de relação entre dados de um conjunto, após análise de dois ou mais de seus atributos.

*Qual é a correlação entre os atributos X e Y de um conjunto de dados S?*

Exemplos:

a) Existe alguma relação entre a velocidade da reação X e a temperatura?
b) Existe alguma correlação entre o desempenho esperado dos alunos na prova e a dificuldade do conteúdo apresentado?

## 3.6 Ferramentas básicas para visualização da informação

Na atual sociedade do conhecimento, a informação é a moeda corrente dos negócios, e a internet é o espaço privilegiado em que grande parte dos dados são gerados. É extremamente importante compreender essas informações e conhecer as opções de ferramentas para a visualização dos dados e informações.

Mais do que analisar, é preciso descobrir e entender padrões e correlações. Daí a necessidade de apresentá-los de forma visual e intuitiva, para que sejam compreendidas pelos usuários nessa busca de padrões e correlações. Destacamos aqui algumas das ferramentas disponíveis para tal visualização.

### Power BI

O Power BI é um aplicativo e base de conectores que trabalham juntos para transformar suas fontes de dados em informações coerentes, envolventes e interativas. Os dados podem estar em planilhas Excel, em bancos de dados locais ou em nuvem. É possível conectar-se a essas fontes de dados, visualizá-los para descobrir conteúdos importantes e compartilhá-los.

### MicroStrategy

A MicroStrategy é uma empresa que oferece *softwares* de *business intelligence* e relatórios para empresas. Seu *software* permite criar relatórios e análises de dados armazenados em um banco de dados relacional e outras fontes. O pacote de *softwares*, composto de diversos elementos, permite às empresas construir seus próprios *dashboards* em minutos. O elemento Visual Insight possibilita explorar dados visualmente para descobrir ideias de negócios, analisar dados importantes armazenados em Hadoop e outros mecanismos orientados a *big data*, a fim de melhorar a tomada de decisões.

A Microstrategy tem uma forte estratégia na área de aplicativos móveis com seu produto *Mobile*, uma plataforma que permite às organizações construir ampla variedade de aplicativos móveis essenciais que fornecem inteligência de negócios, de transações e de conteúdo multimídia para aplicativos em celulares e *tablets*.

O elemento Cloud permite implantar aplicativos para milhares de usuários em um curto período, ajudando a reduzir drasticamente os riscos e os custos operacionais, bem como eliminar despesas. Já o produto Wisdom Professional oferece, sem precedentes, pesquisas de *marketing* e gráficos sociais de milhões de usuários de redes sociais e acesso a análises exclusivas, pensadas para dar às empresas a oportunidade de conhecer mais profundamente seus consumidores para oferecer produtos e serviços personalizados.

Tableau

Possivelmente a ferramenta de visualização de dados mais popular no mercado, o Tableau suporta uma ampla variedade de gráficos, mapas, tabelas e outros elementos. Altamente intuitivo, ele dispensa conhecimento em programação específica para a criação de painéis e dados visuais, ou seja, não é preciso se preocupar com linhas de código e integrações.

Salientamos que, além dessas ferramentas apresentadas, existem diversas outras, tanto pagas quanto gratuitas, disponíveis para aplicação em uma empresa. Deve-se avaliar a tarefa pretendida e encontrar a que melhor se aplique às necessidades, bem como alinhar seu uso com a estratégia de transformação digital da empresa e suas premissas, no que diz respeito a disponibilidade, arquitetura de sistemas, infraestrutura, custos etc.

### Mindset para uso da IA nos negócios

Hoje, com o acesso facilitado às tecnologias de IA e de *machine learning*, diversas empresas vêm desenvolvendo e implementando soluções em busca de vantagens competitivas e de melhor posicionamento no mercado. Também se pode usar essas tecnologias em um negócio aplicando os seguintes passos para implementar soluções baseadas em IA:

1. Entender os principais conceitos, suas funcionalidades e aplicações.
2. Identificar problemas que podem ser resolvidos utilizando IA.
3. Perceber quais conjuntos de dados estão disponíveis.
4. Compreender o potencial da empresa de gerar valor.
5. Estimar a viabilidade e o custo-benefício das soluções.
6. Aplicar metodologias de *design thinking* ou ferramentas como Canvas para gerar uma visão ampla e compartilhada.
7. Criar um projeto-piloto para testar a solução.
8. Disseminar o uso da IA na cultura da empresa.
9. Desenvolver mão de obra qualificada em IA.

É importante que as soluções de IA sejam de conhecimento dos colaboradores e estejam acessíveis a eles, os quais, tendo compreendido seu uso e estando satisfeitos com os avanços alcançados, poderão contribuir com outras inovações baseadas em IA ou sugerir melhorias. Pode-se, por exemplo, criar um *chatbot* para automatizar um processo de acompanhamento de pedidos via aplicativos de mensageria como o WhatsApp, informando as etapas de uma requisição e oferecendo mais segurança e transparência aos usuários. Isso representa novas possibilidades de como melhorar o atendimento ao cliente e reduzir custos operacionais.

> **Importante!**
>
> Usos mais sofisticados envolvem solicitações simples e estão preparados para responder a elas imediatamente. Caso não esteja preparado para lidar com determinada requisição, pode-se transferir o contato para um atendente humano.

Algoritmos de IA estão revolucionando o *marketing* digital, na criação de conteúdos que atendam a diversos critérios dos buscadores, o que requer trabalho e imaginação. Para isso, estão sendo desenvolvidas ferramentas que geram e propõem recomendações semânticas para o desenvolvimento de conteúdos em mídias sociais que podem determinar quais palavras-chave devem ser colocadas em um texto. Nesse sentido, como a IA aplicada aos negócios é um mercado emergente, há uma grande demanda por pessoal qualificado para apoiar as organizações. É claro que as empresas não podem esperar para encontrar todos os profissionais qualificados de que precisam. Isso significa que há uma ótima oportunidade para os profissionais de Tecnologia da Informação melhorarem suas habilidades e se tornarem especialistas em estatística, ciência de dados e nas técnicas de aprendizado de máquina. Por sorte, existem muitos recursos que podem contribuir para o aprendizado. A seguir, fornecemos uma lista de recursos disponíveis para se começar.

» Aprendizado de máquina do Coursera (COURSERA. Disponível em: <https://www.coursera.org/learn/machine-learning>. Acesso em: 6 abr. 2023).

Coursera é uma plataforma de ensino *on-line* que oferece cursos e diplomas em uma variedade de áreas, incluindo aprendizado de máquina. Funciona em parceria com universidades para oferecer mais de 2 mil cursos.

» *Blog* de pesquisa do Google (GOOGLE RESEARCH. Disponível em: <https://research.google/>. Acesso em: 6 abr. 2023).

Nesse *blog*, os pesquisadores do Google publicam uma variedade de artigos sobre tópicos relacionados para aprendizado de máquina e aprendizado profundo.

» CognitiveClass.ai (COGNITIVE CLASS. Disponível em: <https://cognitiveclass.ai>. Acesso em: 6 abr. 2023).

Nesse *site* encontram-se informações que ajudam a desenvolver habilidades de ciência de dados e de computação cognitiva. As aulas são baseadas em uma iniciativa da comunidade.

» Cursos da Udacity sobre aprendizado de máquina (UDACITY. Disponível em: <www.udacity.com/course/intro-to-machine-learning--ud120>. Acesso em: 6 abr. 2023).

Udacity é uma organização educacional que oferece cursos *on-line* abertos.

» Cursos edX (EDX. Disponível em: <https://www.edx.org/>. Acesso em: 6 abr. 2023).

EdX é um provedor de cursos *on-line* abertos. Ele hospeda cursos de nível universitário *on-line*, alguns oferecidos gratuitamente.

- Data Science Central (DATA SCIENCE CENTRAL. Disponível em: <https://www.datasciencecentral.com/>. Acesso em: 6 abr. 2023).

  Data Science Central é um *site* para a prática de *big data*. Inclui uma plataforma de comunidade com fóruns técnicos para troca de informações e suporte técnico.

- Galvanize (GALVANIZE. Disponível em: <https://www.galvanize.com/>. Acesso em: 6 abr. 2023).

  O currículo imersivo de ciência de dados da Galvanize inclui um mergulho no aprendizado de máquina e trabalha em problemas reais de classificação, regressão e agrupamento utilizando conjuntos de dados estruturados e não estruturados. Os alunos descobrem bibliotecas como *scikit-learn*, *NumPy*, e *SciPy* e usam estudos de caso do mundo real para enraizar o entendimento dessas bibliotecas para aplicações do mundo real.

- GitHub (GITHUB. Disponível em: <https://github.com/>. Acesso em: 6 abr. 2023).

  É uma plataforma de hospedagem de código-fonte e de arquivos com controle de versão que permite que usuários contribuam em projetos privados e/ou *open source*. É bastante utilizada por programadores para divulgação de seus trabalhos.

- Inside Machine Learning (INSIDE MACHINE LEARNING. Disponível em: <https://medium.com/inside-machine-learning>. Acesso em: 6 abr. 2023).

  Esse *site* abriga artigos aprofundados em uma ampla gama de tópicos de aprendizado de máquina. Nele, é possível explorar os principais estudos de caso de aprendizado de máquina e obter *insights* de especialistas do setor.

» Kaggle (KAGGLE. Disponível em: <https://www.kaggle.com/>. Acesso em: 6 abr. 2023).

O Kaggle é um recurso para aprender estatísticas, aprendizado de máquina e outros aspectos da ciência de dados. Oferece tutoriais, bem como uma plataforma para competições de ciência de dados.

» KDnuggets (KDNUGGETS. Disponível em: <https://www.kdnuggets.com/about/index.html>. Acesso em: 6 abr. 2023).

KDnuggets é um *site* popular que fornece uma grande quantidade de informações sobre análises estatísticas e ciência de dados.

» MITOpenCourseware (MITOPENCOURSEWARE. Disponível em: <http://bit.ly/1tP7pPU>. Acesso em: 6 abr. 2023).

O Massachussets Institute of Technology (MIT) criou um *site* que inclui todos os seus cursos. É oferecido de forma gratuita aos participantes.

# capí-
# tulo
# 4

Geração de valor para o negócio, o mercado e a sociedade

**Conteúdos do capítulo**

» Sociedade da informação.
» Ferramentas para desenvolver aplicações de inteligência artificial (IA).

Após o estudo deste capítulo, você será capaz de:

1. explicar a importância da IA na sociedade da informação;
2. utilizar ferramentas para o desenvolvimento de aplicações de IA.

Inovações auxiliam as pessoas a viverem melhor, e novas tecnologias proporcionam oportunidades para o desenvolvimento de produtos e serviços. Nesse contexto, a inteligência artificial (IA) promove inovações ao fazer máquinas aprenderem com as experiências de interações com usuários e se ajustarem a novas informações, além de reproduzir e executar tarefas rotineiras.

## 4.1 Trabalhadores do conhecimento e sociedade da informação

Trabalhadores do conhecimento são aqueles que dependem da informação para executar suas atividades ou a aplicação de conhecimentos específicos em seu trabalho. Utilizam de capacidade analítica para influenciar as decisões, as prioridades e as estratégias da empresa na resolução de problemas e desafios. À medida que as empresas aumentam sua dependência da tecnologia da informação, vem crescendo a atuação dos trabalhadores do conhecimento.

O termo *sociedade da informação* começou a ser utilizado nos anos 2000, momento em que a tecnologia apresentou grandes avanços para as empresas, a vida cotidiana e as interações sociais, tornando a informação uma ferramenta de fácil acesso e indispensável. Na sociedade da informação, a criação e a distribuição de informações visam a benefícios sociais e econômicos em diversas áreas, como economia, saúde e educação.

Entre as companhias globais mais valiosas, segundo o índice de capitalização de mercado (valor de mercado das ações multiplicado pela quantidade de ações), figuram aquelas cuja informação e cujo conhecimento têm um papel preponderante, como as empresas do setor de tecnologia. Isso se confirma no *ranking* das 50 empresas mais inovadoras eleitas pela consultoria Boston Consulting Group em 2021. Nas quatro primeiras colocações estão Apple, Alphabet, Amazon e Microsoft, por exemplo.

Uma demonstração clara de que aceleradamente a sociedade tem incorporado a IA é o destaque dado a ela pelo World Economic Forum, como parte das tendências globais que têm impactos relevantes na sociedade e na economia mundial. Isso confirma que esse tipo de inteligência está cada vez mais sofisticado, impulsionando diversas plataformas digitais, incluindo as de mídia social e de entretenimento. Tal fato também joga luz à preocupação de que tais tecnologias não envolvem o público e servem a espalhar conteúdo prejudicial, como possíveis discursos de ódio e discriminação.

O World Economic Forum assinala alguns pontos pertinentes de interseção entre a IA e a sociedade para se alcançar um melhor entendimento sobre esse tipo de tecnologia, a fim de que ela seja mais adequadamente tratada, conforme esquematizado na Figura 4.1.

Figura 4.1 – Pontos de interseção entre a IA e a sociedade

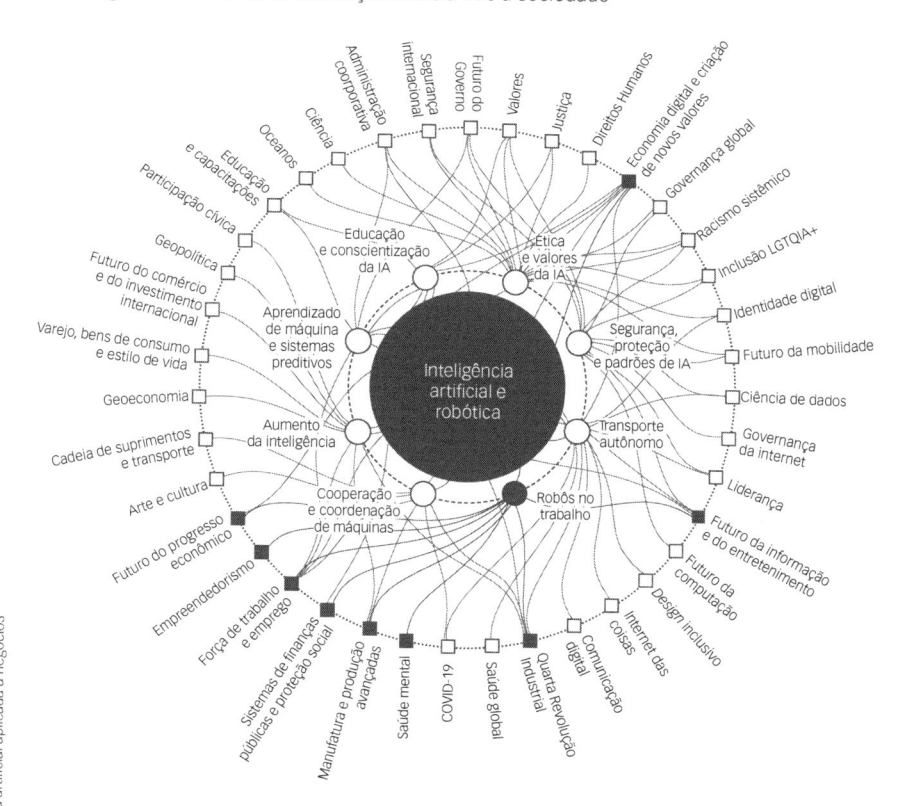

Fonte: Artificial..., 2023.

## 4.2 Usando IA na sociedade do conhecimento

Ao conhecer as principais linguagens e ferramentas para tratamento dos dados, além dos serviços em nuvem disponíveis no mercado, visualiza-se o ciclo de aprendizado de máquina na criação de modelos e de algoritmos para resolução de problemas de negócios e da sociedade.

Criar um aplicativo de aprendizado de máquina ou operacionalizar um algoritmo de IA é um processo interativo. Não se pode simplesmente treinar um modelo uma vez e deixá-lo sozinho – dados mudam, preferências evoluem e concorrentes surgem a todo instante. Portanto, é preciso manter o conhecimento sobre o mercado-alvo atualizado nos modelos enquanto estes estiverem em produção. Embora não seja necessário chegar ao mesmo nível de treinamento demandado quando da criação do modelo, não se pode assumir que os modelos sejam sempre autossuficientes: o ciclo de aprendizado de máquina é contínuo, e a escolha do algoritmo de aprendizado de máquina correto é apenas uma das etapas. Em linhas gerais, as etapas do ciclo de aprendizado de máquina são as seguintes:

» **Identificar os dados**: identificar as fontes de dados relevantes é a primeira etapa do ciclo. Além disso, conforme se desenvolve o algoritmo de aprendizado de máquina, deve-se expandir os dados de destino para melhorar a acurácia do sistema.

» **Preparar os dados**: é preciso ter certeza de que os dados estejam limpos, protegidos e governados. Se for criado um aplicativo de aprendizado de máquina baseado em dados imprecisos, o modelo certamente irá falhar.

» **Selecionar o algoritmo de aprendizado de máquina**: pode-se ter vários algoritmos de aprendizado de máquina aplicáveis aos dados e desafios de negócios.

- » **Treinar:** treinar o algoritmo para criar o modelo é fundamental. Dependendo do tipo de dados e do algoritmo, o processo de treinamento pode ser supervisionado, não supervisionado ou de reforço de aprendizado, conforme explicitamos anteriormente.
- » **Avaliar:** deve-se avaliar os modelos para encontrar o algoritmo de melhor desempenho.
- » **Implementar:** algoritmos de aprendizado de máquina criam modelos que podem ser implantados em aplicações em nuvem ou em servidores próprios.
- » **Prever:** depois da implantação, é preciso fazer previsões com base em novos dados de entrada.
- » **Avaliar as previsões:** deve-se avaliar a validade das previsões. As informações coletadas a partir da análise da validade das previsões são, então, realimentadas no ciclo de aprendizado de máquina para ajudar a melhorar sua precisão.

Depois que o modelo começar a fazer previsões, reinicia-se o processo, avaliando os dados mais uma vez. O questionamento a ser feito é: Os dados permanecem relevantes? Existem novos conjuntos de dados que podem ajudar a melhorar a precisão das previsões? Melhorando continuamente os modelos e avaliando novas abordagens, mantêm-se aplicativos baseados em aprendizagem de máquina relevantes.

Técnicas de aprendizado de máquina para ajudar a empresa a alcançar um nível de sofisticação de análises avançadas requerem uma estratégia, um plano e um roteiro. Não é recomendado simplesmente contratar um grupo de cientistas de dados, por mais qualificados que eles sejam, e esperar que sejam capazes de produzir resultados para o negócio. Aqui, apresentamos a melhor abordagem para começar a usar o aprendizado de máquina e para dar suporte a suas metas de negócios.

É interessante refletir sobre como pode obter *insights* sobre os dados gerados pela empresa. Se forem adotadas técnicas de aprendizado de máquina de forma sistemática, haverá boas chances de se anteciparem mudanças no mercado e mudanças na forma como os clientes esperam fazer negócios com a empresa.

Antes de escolher um projeto-alvo, é preciso dar suporte às áreas de negócios da empresa a entender o que é o aprendizado de máquina – isto é, o uso de algoritmos para criar modelos baseados em dados. Isso significa que é importante alinhar expectativas. Embora certamente haja especialistas, como cientistas de dados, é importante que analistas e estrategistas de negócios entendam como o aprendizado de máquina pode ser aplicado para ajudar a empresa a resolver alguns dos problemas mais complexos. A abundância e a variedade de dados podem fornecer à empresa uma valiosa ferramenta para ajudar o negócio a crescer e a mudar. Para isso, deve-se entender três fundamentos, os quais detalharemos a seguir.

1. Definir o problema a ser resolvido

É essencial ter um bom entendimento da natureza do problema a ser resolvido. É possível ver mudanças na receita ou nos tipos de produtos que os clientes estão comprando. Os gestores têm a compreensão do porquê de seus clientes estarem comprando certo produto ou serviço? Está claro para eles como as mudanças no mercado estão afetando a capacidade de satisfazer os clientes?

Pode-se ter muitas informações sobre clientes, *mix* de produtos e mercado em geral, mas é preciso realizar uma análise mais profunda para estar preparado para o futuro. Caso a empresa deseje oferecer um novo produto para sua base de clientes tradicional. É fulcral, então, entender como os novos produtos impactarão sua receita no próximo ano.

2. Identificar dados relativos a oportunidades e ameaças

A organização provavelmente tem muito mais informações sobre o negócio do que se imagina. Existem registros de suporte que podem fornecer informações sobre os problemas que seus clientes enfrentam. Os dados subsidiam *insights* sobre a quantidade de tempo necessário para reparar um problema. Alguns dados são também armazenados em um texto que indica o que os clientes estão procurando para o futuro. Embora esses dados existam, eles podem nunca ter sido usados para dar sentido ao negócio. Ironicamente, a empresa pode já dispor de todos os dados de que precisa para começar a avaliar seu futuro. Todos esses dados têm potencial para antecipar o futuro.

3. Preparar-se para ordenar os dados

É mandatório ter dados prontos para realizar as análises necessárias e aprender com eles. Estão sendo usadas as fontes de dados mais atualizadas? Os dados estão organizados de forma que sejam utilizáveis? Há proteção da identidade dos dados privados de seus clientes? Foram selecionadas as melhores fontes de dados de terceiros que colocarão os dados no contexto do próprio negócio e da própria indústria?

A despeito de o aprendizado de máquina ter captado a atenção da tecnologia e mercado de negócios, é preciso garantir que foram selecionadas a abordagem e as ferramentas que melhor atendam ao problema em questão. Haverá diferentes abordagens, dependendo do setor, do tipo de dados com os quais se está lidando e do tipo de resultados que se deseja alcançar.

Para muitas organizações, entender o padrão oculto em seus dados oferece uma grande vantagem potencial. A maioria das empresas tem dados armazenados em silos, em diferentes ambientes e unidades de negócios. Alguns dos dados mais relevantes podem ser encontrados em fontes de mídia social. Também podem ser encontrados em fontes de dados não estruturadas, como documentos relacionados a novas descobertas de pesquisas, e em fontes semiestruturadas, como sensores e sistemas baseados em internet das coisas.

A primeira tarefa é determinar quais fontes e tipos de dados são os mais adequados para resolver o problema. Depois de entender isso, pode-se determinar quais algoritmos devem ser usados para criar os modelos mais adequados. Existem centenas de casos de uso para ilustrar como usar o aprendizado de máquina para resolver problemas específicos. Um dos principais benefícios desse tipo de aprendizado é o fato de ele requerer uma ingestão constante de novos dados para fazer previsões precisas. Portanto, a empresa precisa entender que o aprendizado de máquina não é uma tarefa única. Quanto mais exatos e abundantes forem os dados, melhores serão os resultados dos modelos. Explorar o aprendizado de máquina auxilia na obtenção de *insights* sobre novos usos. Pode haver muitas outras áreas dentro do negócio que potencialmente se beneficiem do tipo de análise preditiva que o aprendizado de máquina fornece.

Algoritmos de IA têm diversas aplicações, como esclarecer dúvidas, transmitir informações, controlar processos operacionais, orientar a tomada de decisão etc. Com a aprendizagem de máquina, tem-se a oportunidade de usar os dados gerados em uma empresa para antecipar mudanças nos negócios e os planos de futuro. Embora esteja claro que o aprendizado de máquina é um conjunto sofisticado de tecnologias, é valioso apenas quando se encontram maneiras de vincular a tecnologia aos resultados. O negócio não é estático; portanto, conforme aprende mais e mais a partir de seus dados, a empresa prepara as mudanças nos negócios.

## 4.3 Estratégias para usar IA na empresa

Antes de definir a estratégia, deve-se entender, de maneira sistêmica, os problemas de negócio a serem solucionados. À medida que as empresas realizam grandes transições em seus negócios, diversos desafios aparecem:

» Qual é o *status* do negócio e do engajamento dos clientes atuais?
» O que o futuro reserva para o produto ou serviço que os clientes irão comprar ou esperam da empresa?
» Como a entrega de valor do produto ou serviço tem mudado ao longo do tempo?

Para chegar a essas respostas uma alternativa é perguntar aos clientes se eles estão satisfeitos e o que comprarão no futuro. Apesar de este ser um bom ponto de partida, não é suficiente. Isso porque os clientes que ficam felizes em um minuto ficam infelizes quando algo transformacional surge. Se são feitas análises utilizando indicadores e painéis de *business intelligence* tradicionais, é possível ter uma boa noção de onde a empresa está e de onde esteve no passado, mas não para onde está indo ou deve ir no futuro.

Obviamente, o negócio não é estático; muitas das *nuances* sobre seus clientes estão ocultas entre os dados estruturados, não estruturados ou semiestruturados. O valor da tecnologia de aprendizado de máquina é justamente descobrir os padrões e as anomalias nesse grande universo de dados. Deve-se saber selecionar o algoritmo de aprendizado de máquina certo combinado com as fontes de dados apropriadas que podem ajudar a determinar o que vem a seguir.

Normalmente, os exercícios de planejamento estratégico e de estratégia começam pelo ganho de *insights* sobre a satisfação do cliente e os requisitos futuros:

» Para onde está indo o mercado?
» Quais são as ameaças competitivas que podem impactar a empresa?
» O negócio se mantém sustentável à luz dos concorrentes emergentes com modelos de negócios não previstos?

Todavia, novamente, isso não é o suficiente. Mesmo os melhores consultores de estratégia não conseguem prever o surgimento repentino de descobertas e tendências. Algumas das armadilhas em que a liderança da empresa cai são a suposição e os vieses. Muitas vezes a gestão da empresa considera os dados e interpreta os resultados de modo subjetivo. Embora seja fácil ser pego de surpresa pela mudança, as sementes da mudança existem.

Um estudo bastante amplo efetuado em 2021, com participantes representando toda a gama de regiões, indústrias, portes de empresas, especialidades funcionais e cargos, destacou alguns *insights* relevantes e estratégias utilizadas por aquelas organizações que alcançaram melhores resultados com IA nesse ano (Quantum Black, 2021).

Quadro 4.1 – Principais focos de investimento em IA

| Tópico | Questão | ≤60% | ≤50% | ≤40% | ≤30% | Demais |
|---|---|---|---|---|---|---|
| Core | Usar técnicas de *Design thinking* ao desenvolver ferramentas de IA. | X | | | | |
| | Testar o desempenho de modelos de IA internamente antes da implantação. | | X | | | |
| | Acompanhar o desempenho dos modelos de IA para garantir que os resultados do processo ou os modelos melhorem com o tempo. | | | X | | |
| | Ter processos bem-definidos para governança de dados. | | | X | | |

(continua)

(Quadro 4.1 – continuação)

| Tópico | Questão | ≤60% | ≤50% | ≤40% | ≤30% | Demais |
|---|---|---|---|---|---|---|
| Core | Ter protocolo em vigor para garantir uma boa qualidade de dados. | | | X | | |
| Core | Ter uma estrutura clara para uma governança de IA que abranja o processo de desenvolvimento de modelos. | | | | X | |
| Core | Ter equipes de desenvolvimento de IA que seguem protocolos-padrões para construir e fornecer ferramentas de IA. | | | | X | |
| Core | Ter programas bem-definidos de construção de capacidades para desenvolver as habilidades de IA do pessoal de tecnologia. | | | | X | |
| Dados avançados | Ter um dicionário de dados acessível em toda a empresa. | X | | | | |
| Dados avançados | Integrar rapidamente dados estruturados internos para usar em iniciativas de IA. | X | | | | |
| Dados avançados | Ter processos internos escaláveis para anotação e tagueamento de dados de treinamento de IA. | | | | X | |
| Dados avançados | Ter processos bem-definidos para governança de dados. | | | X | | |
| Dados avançados | Gerar dados sintéticos para treinar modelos de IA quando não há conjuntos de dados naturais suficientes. | | | | | X |
| Modelos, ferramentas e tecnologia avançadas | Fazer uma abordagem completa do ciclo de vida para desenvolver e implantar modelos de IA. | X | | | | |
| Modelos, ferramentas e tecnologia avançadas | Atualizar regularmente os modelos de IA, com base em critérios claramente definidos para quando e por que fazê-lo. | | | X | | |
| Modelos, ferramentas e tecnologia avançadas | Ter técnicas e processos em vigor para garantir que os modelos sejam explicáveis. | | | X | | |

(Quadro 4.1 – conclusão)

| Tópico | Questão | ≤60% | ≤50% | ≤40% | ≤30% | Demais |
|---|---|---|---|---|---|---|
| Modelos, ferramentas e tecnologia avançadas | Atualizar o *stack* tecnológico de IA/*machine learning* pelo menos anualmente para aproveitar os últimos avanços tecnológicos. | | | X | | |
| | Ter modelos de IA de *design* com foco em garantir que sejam reutilizáveis. | | | X | | |
| | Usar serviços externos de terceiros para testar, validar, verificar e monitorar o desempenho dos modelos de IA. | | | | X | |
| | Usar uma plataforma padronizada de ponta a ponta para ciência de dados relacionada à IA, à engenharia de dados e ao desenvolvimento de aplicativos. | | | | X | |
| Habilitação do usuário | Ensinar aos usuários o básico sobre como os modelos fuincionam. | | X | | | |
| | Consultar os usuários durante as fases de *design*, desenvolvimento, treinamento e implantação. | | X | | | |
| | Instruir os usuários sobre o uso do medelo. | | | X | | |
| | Criar canais "designados" de comunicação e pontos de contato entre os usuários de IA e a equipe de ciência de dados da organização. | | | | X | |
| | Ter centro de treinamento dedicado a desenvolver habilidades de IA de pessoal não técnico mediante aprendizado prático. | | | | X | |

Entre as questões, a única que alcançou 60% em meio às organizações com maior desempenho em IA foi aquela que trata de técnicas de *design thinking* para o desenvolvimento das ferramentas de IA. *Design thinking* é um conceito difundido por Tim Brown (2010) e é utilizado para resolver problemas complexos com foco no ser humano. Ele envolve uma imersão no problema, uma análise, para, depois, de maneira criativa, sugerir soluções, razão pela qual é tão utilizado em organizações na solução de problemas complexos que envolvem diversos atores. Metodologias inspiradas em *design thinking* são muito úteis para tratar de questões que usualmente exigem o envolvimento de diversos e diferentes especialistas e nas quais a dificuldade para "juntar todos os pontos", por si só, já é um grande desafio.

Técnicas para a visualização clara e compartilhada de ideias também são muito aplicadas nos desenvolvimentos de projetos de IA. Seu principal expoente é representado pela técnica de Canvas, difundida por Alexander Osterwalde, a qual é utilizada para visualizar o conceito inicial de um modelo de negócio ou de qualquer ideia que se queira construir (Osterwalder; Pigneur, 2010). Sinteticamente, as duas abordagens podem ser explicadas da seguinte maneira: com o *design thinking*, identifica-se o problema e cria-se uma ideia de solução, e o Canvas é utilizado para visualizar de forma clara essa ideia em seus quadrantes. Tais técnicas foram popularizadas na última década, tendo dois pilares: (1) uso de uma metodologia Lean e (2) uso do *mindset* "Comece pelo Final". Assim é permitido, de maneira prática, esboçar, visualizar e desenvolver projetos e modelos. Este último também funciona como uma ferramenta de comunicação, para divulgar e disseminar claramente o planejamento de um projeto.

Como para vários outros problemas complexos, também foi desenvolvido um modelo de Canvas específico para aplicações em IA e aprendizagem de máquina. Ele é útil para obter soluções de aprendizagem de máquina úteis e valiosas. Seu uso é simples; porém, trata-se de uma poderosa ferramenta para gerar reflexão sobre possibilidades, restrições, desafios e oportunidades que o uso da aprendizagem de máquina pode proporcionar

Aqui apresentamos dois Canvas populares e relacionados à IA:

1. Machine Learning Canvas: foco na entrega de valor ao usuário; e
2. Artificial Intelligence Project Canvas: foco na implantação de um projeto de IA.

## 4.4 Machine Learning Canvas

Proposto e aprimorado por Louis Dorard, esse Canvas foi criado especificamente para aprendizagem de máquina. Nas palavras do próprio autor, é uma estrutura visual útil para conectar os pontos entre coleta de dados, aprendizado de máquina e geração de valor. E, entre suas principais vantagens do seu uso, estão:

» **Definição de ideias:** descrever como o sistema de *machine learning* entregará as expectativas de proposta de valor dos usuários finais, com quais dados ele aprenderá e como garantir que funcione conforme o esperado.

» **Colaboração:** facilitar o envolvimento de diferentes funções na construção de sistemas de *machine learning* de alto valor e na manutenção de todos "na mesma página".

» **Preparação para implementação:** permitir antecipar custos, identificar gargalos, especificar requisitos e criar um *roadmap*.

Ao todo, são dez elementos interconectados que necessitam ser analisados durante a elaboração do Machine Learning Canvas. É possível identificar quatro intenções principais ao se aprofundar nessa abordagem:

1. Objetivo (1 elemento)

Composto da proposta de valor, esse elemento corresponde à razão do desenvolvimento da ferramenta de aprendizagem de máquina. Para tanto, são fundamentais perguntas (não exaustivas) como:

» Quem seria(m) o(s) usuário(s) final(is)?
» Quais são os objetivos dele(s)?
» Como ele(s) se beneficiaria(m) do algoritmo?

Recomenda-se também imaginar como seria o fluxo de trabalho e a(s) interface(s).

2. Aprendizagem (4 elementos)

» Fontes de dados
» *Features*
» Coleta de dados
» Construção de modelos

3. Predição (4 elementos)

» Previsões de tarefas
» Simulação de impacto
» Decisões
» Predições de resultados

4. Avaliação (1 elemento)

» Monitoramento

O quadro do Machine Learning Canvas se assemelha ao Canvas de modelo de negócio, porém é preenchido com os elementos de relevância para aprendizagem de máquina.

Quadro 4.2 – Modelo de Machine Learning Canvas

| Previsão de tarefas | Decisões | Proposta de valor | Coleta de dados | Fontes de dados |
|---|---|---|---|---|
| Tipos de tarefas? Entidades sobre quais previsões são feitas? Possíveis resultados? Esperar tempo antes da observação? | Como as previsões se transformam em valor proposto para o usuário final? Menção sobre parâmetros do processo ou da aplicação que faz isso. | Quem é o usuário final? Quais são os objetivos dele? Como ele se beneficiará do sistema de machine learning? Mencione fluxos de trabalhos e interfaces. | Estratégia para conjunto de esforços iniciais e atualização contínua. Menção sobre tempo de coleta, dados de teste para as entidades de produção, custo/restrições para observação dos resultados. | Onde obter informações (cruas) sobre entidades e resultados observados? Menção sobre tabelas de banco de dados, *sites* para *scrape* etc. |
| **Simulação de impacto** | **Fazendo previsões** | | **Construção de modelos** | **Features** |
| Os modelos podem ser implantados? Quais são os dados de teste para avaliar o desempenho? Valores de custo/ganho para (in)decisões corretas? Restrições legais e de *compliance*? | Quando fazer? Tempo real/lote pré-predição? Tempo disponível para isso + featurização + pós-processamento? Alvo de cálculo? | | Quantos modelos em produção serão necessários? Quando atualizar? Tempo disponível para isso (incluindo "featurização" e análise)? | Formatação e características – extraídas de fontes de dados brutos – dos *inputs* disponíveis no momento da previsão. |
| | **Monitorização** | | | |
| | Métricas para quantificar a criação de valor e medir o impacto do sistema de *machine learning* na produção (sobre usuários finais e empresa)? | | | |

Além dos elementos, é importante notar que o ordenamento segue uma lógica. No centro, há a proposta de valor; à esquerda, a predição; à direita, a aprendizagem; abaixo, a avaliação. Também os itens mais acima tratam de forma mais geral o problema em questão, ao passo que os itens mais abaixo são mais específicos.

Quadro 4.3 – Análise objetiva do modelo Machine Learning Canvas

| Previsão de tarefas | Decisões | Proposta de valor | Coleta de dados | Fontes de dados |
|---|---|---|---|---|
| Tipos de tarefas? Entidades sobre quais previsões são feitas? Possíveis resultados? Esperar tempo antes da observação? | Como as previsões se transformam em valor proposto para o usuário final? Menção sobre parâmetros do processo ou da aplicação que faz isso. → PREDIÇÕES | OBJETIVO: O quê? Por quê? Quem? Quem é o usuário final? Quais são os objetivos dele? Como ele se beneficiará do sistema de machine learning? Menção sobre fluxos de trabalhos e interfaces. | Estratégia para conjunto de esforços iniciais e atualização contínua. Menção sobre tempo de coleta, dados de teste para as entidades de produção, custo/ restrições para observação dos resultados. → APRENDIZAGEM | Onde podemos obter informações (cruas) sobre entidades e resultados observados? Menção sobre tabelas de banco de dados, *sites* para *scrape* etc. |
| **Simulação de impacto** | **Fazendo previsões** | | **Construção de modelos** | ***Features*** |
| Os modelos podem ser implantados? Quais são os dados de teste para avaliar o desempenho? Valores de custo/ganho para (in)decisões corretas? Restrições legais e de *compliance*? | Quando fazemos? Tempo real/lote pré-predição? Tempo disponível para isso + featurização + pós-processamento? Alvo de cálculo? | | Quantos modelos em produção serão necessários? Quando atualizaremos? Tempo disponível para isso (incluindo "featurização" e análise)? | Formatação e características – extraídas de fontes de dados brutos – dos *inputs* disponíveis no momento da previsão. |
| | **Monitorização** | | | |
| | Métricas para quantificar a criação de valor e medir o impacto do sistema ML na produção (sobre usuários finais e empresa)? → AVALIAÇÃO | | | |

Quadro 4.4 – Resumo e descrição de cada elemento do modelo Machine Learning Canvas

| Intenção | Elemento | Explicação |
|---|---|---|
| Objetivo | Proposta de valor | Quem é o usuário final? Quais são os objetivos dele? Como ele se beneficiará do sistema de *machine learning*? Menção sobre fluxo de trabalho/interfaces. |
| Aprendizagem | Fontes de dados | Onde obter informações (cruas) sobre entidades e resultados observados? Menção sobre tabelas de banco de dados, métodos de *Application Programming Interface, sites* para *scrape* etc. |
| | Features | Formatação e características dos *inputs* disponíveis no momento da previsão, extraídas de fontes de dados brutos. |
| | Coleta de dados | Estratégia para conjunto de esforços iniciais e atualização contínua. Menção sobre tempo de coleta, dados de teste para as entidades de produção, custo/restrições para observação dos resultados. |
| | Construção de modelos | Quantos modelos em produção serão necessários? Quando serão atualizados? Qual é o tempo disponível para isso (incluindo "featurização" e análise)? |
| Predição | Previsão de tarefas | Quais são os tipos de tarefas? E as entidades sobre quais previsões são feitas? E os possíveis resultados? Esperar tempo antes da observação? |
| | Simulação de impacto | Os modelos podem ser implantados(Quadro 4.4 – conclusão) Quais são os dados de teste para avaliar o desempenho? Valores de custo/ganho para (in)decisões corretas? Restrições legais e de compliance? |
| Predição | Decisões | Como as previsões se transformam em valor proposto para o usuário final? Menção sobre parâmetros do processo ou da aplicação que faz isso. |
| | Fazendo previsões | Quando fazer tempo real / lote pré-predição? Tempo disponível para isso + "featurização" + pós-processamento? Alvo de cálculo? |
| Avaliação | Monitoramento | Elaborar métricas para quantificar a criação de valor e medir o impacto do sistema *machine learning* na produção (sobre usuários finais e empresa)? |

## 4.5 Artificial Intelligence Project Canvas

Proposto por Marcin Laskowski em 2021, o Artificial Intelligence Project Canvas foi projetado para tratar de um incômodo comum dos gerentes de projeto que lutam com programas de tecnologia da informação elaborados com IA. Isso causa uma taxa muito alta de fracassos que não vão além da fase piloto. Uma das principais razões pelas quais há esses problemas é a falta de consciência de que os projetos de IA são diferentes dos projetos tradicionais de tecnologia da informação.

Marcin Laskowski identificou a necessidade de uma ferramenta que pudesse ajudar os gerentes a coletar e combinar todos os principais componentes de todo o projeto em um só lugar. Observar o quadro geral pode ajudar as equipes de IA a explorar o objetivo principal, o escopo potencial e as dificuldades muito antes de escrever a primeira linha de código. Dessa forma, o Artificial Intelligence Project Canvas foi diretamente inspirado no Canvas de modelo de negócio – inclusive respeita o mesmo formato visual.

O quadro do projeto, representado na Figura 4.2, consiste em nove blocos de construção que, combinados, criam um fluxo de trabalho de três estágios: (1) construir; (2) implantar; e (3) gerenciar A primeira está relacionada à análise exploratória de dados, a qual precisa ser realizada para se extraírem informações dos dados. A segunda implica colocar o modelo de *machine learning* em produção. A última está ligada à necessidade de recursos humanos e financeiros para concluir o projeto com sucesso.

O objetivo principal do Artificial Intelligence Project Canvas é fornecer uma compreensão básica do projeto e familiarizá-lo com todos os quebra-cabeças que faltam. Não é um plano detalhado. Ele sugere uma ordem de preenchimento dos elementos que, naturalmente, podem ser revisitados a qualquer momento.

Figura 4.2 – Artificial Intelligence Project Canvas

| 2) Dados | 4) Métricas | 1) Conceito | 7) Manutenção | 5) Infraestrutura |
|---|---|---|---|---|
| » De quais fontes de dados internas e externas a empresa precisa?<br>» Que bancos de dados, tabelas se quer usar?<br>» Como se conectar às fontes de dados? | » Como avaliar a correção dos dados?<br>» Quais métricas usar para modelos e como avaliá-las?<br>» Qual é o KPI de sucesso (Mínimo de Melhoria Justificável)?<br>» Como acompanhar o progresso? | » Que problema precisa ser resolvido?<br>» Qual é a solução que se pretende construir?<br>» Qual é o tamanho do impacto nos negócios desse projeto?<br>» Quem mais se beneficiará? | » Como cuidar da versão; da reprodutibilidade; dos testes; e do monitoramento de dados, do modelo e do código? | » Quais ferramentas e serviços se deseja usar para executar operações em dados, modelos e códigos?<br>» Onde implantar todo o sistema – na nuvem ou em *on-premise*? |

| 3) Modelo | 6) *Pipeline* |
|---|---|
| » Qual é o tipo de tarefa (previsão, classificação)?<br>» Qual modelo de arquitetura se pretende usar?<br>» Qual será a entrada/saída do modelo? | » Como conectar todos os serviços e qual será o fluxo de trabalho?<br>» Quais peças haverá e como serão automatizadas?<br>» Será executado um modelo no lote ou em tempo real? |

| 8) Equipe | 9) Custos |
|---|---|
| » Quem será o usuário final do produto?<br>» Quem se beneficiará do produto?<br>» Como o cliente se beneficiará do resultado?<br>» Quem é necessário para realizar a fase *build and deploy*? | » O que e quanto há para pagar?<br>» Qual é a receita esperada e o valor adicional?<br>» Qual é o problema a ser resolvido? |

É evidente a semelhança entre o Machine Learning Canvas e o Artificial Intelligence Project Canvas. Por si só, esse *insight* já é de grande valia, pois reforça que os elementos principais nas soluções de AI são reconhecidamente os apresentados. No entanto, o reconhecimento das pequenas diferenças tem grande valor para se compreenderem os desafios que um projeto de IA apresenta. O Machine Learning Canvas enfatiza o valor para o usuário final, ao passo que AI Project Canvas enfoca a implantação e, especialmente, a manutenção da solução, o que impacta diretamente nos custos e no retorno esperado do projeto.

# capítulo 5

## Como a inteligência artificial está mudando os negócios, o mercado e a sociedade

**Conteúdos do capítulo**

- » Aplicações de inteligência artificial (IA).
- » Inteligência aumentada.
- » Supermentes.
- » Computação cognitiva.

Após o estudo deste capítulo, você será capaz de:

1. Identificar as potencialidades da aplicação da IA.

Os líderes empresariais estão mais atentos ao que acontece dentro de suas organizações e de seus setores e ao que não pode ser entendido por meio de uma simples consulta. Afinal, são os padrões ocultos e as anomalias nos dados que podem ajudar ou prejudicar o negócio. Neste capítulo, apresentamos alguns exemplos de como as empresas estão começando a usar a IA e técnicas de aprendizado de máquina técnicas para criar diferenciação nos negócios.

## 5.1
# Como a IA tem sido usada pelas empresas

Nesta seção, especificaremos os propósitos das empresas ao adotarem o uso da tecnologia ora em tela.

### Compreender por que seus clientes estão saindo

É muito comum ouvir a seguinte máxima: "É muito mais barato manter um cliente do que conquistar um novo". De fato, a rotatividade de clientes é um problema para diversos setores, como telecomunicações, varejo e serviços financeiros.

Evitar que os clientes saiam é mais importante do que nunca. Está em curso uma era em que empresas emergentes estão oferecendo soluções e modelos de negócios inovadores. Por exemplo, provedores de serviços de telefonia móvel costumavam exigir um período de dois anos de contrato, que era renovado a cada mudança de serviço. Quando o cenário competitivo mudou, as empresas descobriram que precisavam livrar-se dos contratos. Essa mudança foi benéfica para os clientes, mas resultou em um grande aumento na rotatividade deles para as operadoras. Assim, sem a proteção de contratos com os consumidores, as empresas de telefonia móvel abriram espaço para novas abordagens e a agregar serviços para fidelizar e manter seus clientes.

Para evitar a rotatividade dos clientes, é fundamental ter dados suficientes sobre o histórico e as preferências deles, bem como sobre os serviços que eles compraram no passado e suas reclamações. Em um mercado altamente estável, essa abordagem de análise pode ser um preditor do futuro. Contudo, em mercados voláteis, essa abordagem não funciona: é preciso ser capaz de antecipar as mudanças do mercado e as mudanças nos padrões de compra do cliente. Usar o aprendizado de máquina e os modelos de gerenciamento pode ajudar a prever mudanças que afetarão a receita de uma empresa de forma positiva ou negativa.

Em essência, nesse caso, a operadora de celular goza da vantagem de ter acesso a grandes volumes de dados de muitos clientes diferentes. Desse modo, usando o algoritmo certo, é possível criar um modelo que mapeie os tipos de ofertas e de promoções que reterão ou adicionarão clientes. Qual é o custo para reter e adicionar clientes? Os novos planos reduzirão significativamente a rotatividade? Os gastos justificarão os esforços? Eis aí algumas previsões que um modelo de aprendizado de máquina pode fornecer.

Qual é a diferença entre uma abordagem tradicional de *business intelligence* e uma abordagem de aprendizado de máquina para analisar a rotatividade de clientes? Com o *business intelligence* tradicional, a organização pode entender o que aconteceu no passado e avaliar tendências de fidelidade do cliente. Em contraste, o algoritmo de aprendizado de máquina cria um modelo que gera grandes quantidades de dados internos e externos. Depois, o modelo é treinado e testado, e os analistas podem antecipar mudanças nas preferências dos clientes. O modelo precisa predizer como os padrões de compra dos clientes mudarão no futuro. Os modelos mais comuns usados para análise preditiva de *churn* – ou seja, a métrica que indica o quanto uma empresa perdeu de receita ou de clientes – são algoritmos estatísticos de classificação, como regressão logística e redes neurais.

### Reconhecer quem cometeu um crime

Os departamentos de polícia têm a difícil tarefa de rastrear criminosos. Cada vez mais, são instaladas pelas cidades câmeras que ajudam a identificar atividades ilegais. Mas quem cometeu o crime? Embora uma imagem possa valer mais do que mil palavras, sem alguém para identificar o malfeitor, não é fácil resolver os crimes. Uma das maneiras de a polícia aproveitar os dados dessas imagens é a aplicação do aprendizado de máquina.

Especificamente, algoritmos de *deep learning* e redes neurais são os mais adequados para executar o reconhecimento facial. A análise de imagens pode indexar e pesquisar eventos de vídeo, classificando objetos em diferentes categorias, como pessoas, carros, estradas ou postes de luz. Além disso, algoritmos de reconhecimento facial podem ser usados para digitalizar seções de uma foto de uma pessoa de modo que se eliminem dados estranhos não são úteis. No caso de reconhecimento facial, os caracteres mais importantes para identificar uma pessoa são olhos, nariz, boca e possíveis cicatrizes. Coletando grandes quantidades de dados de imagens faciais, o algoritmo pode identificar padrões em rostos.

E como a força policial tiraria vantagem desse tipo de sistema de rede neural? Algumas das técnicas de rede neural emergentes permitem realizar esse tipo de treinamento com dados esparsos, o que torna esses sistemas mais práticos para a aplicação ora analisada. A solução incorpora dados de imagem de criminosos conhecidos e inclui dados coletados por câmeras de vigilância, bem como imagens de indivíduos suspeitos que podem estar envolvidos em crimes localmente. Quando acontece um crime, como um assalto a uma loja local, as imagens das câmeras podem identificar os rostos dos indivíduos envolvidos. Essas imagens, então, podem ser comparadas com essa base de dados. Basicamente, o modelo procura corresponder ao padrão de um rosto específico contra a coleção de imagens, para ver se há uma contrapartida. Se a polícia puder encontrar a correspondência, será capaz de rapidamente fazer uma busca ou prisão sem a necessidade de interrogar pessoas e de passar horas analisando os vídeos da loja.

### Prevenir a ocorrência de acidentes

Muitas indústrias contam com abordagens sofisticadas para a manutenção preventiva de suas máquinas e de seus equipamentos para garantir que os processos e sistemas sejam seguros e operem conforme o esperado. Indústrias como a de manufatura, de petróleo, de gás e de serviços públicos são bem-sucedidas ou falham com base em sua capacidade de prevenir acidentes. Embora seja comum ter um cronograma de manutenção, isso muitas vezes não é suficiente, pois pode haver condições ambientais específicas que afetem as operações de uma máquina ou de um sistema, como uma uma falha de aquecimento ou de integração ao sistema de ar-condicionado.

Algoritmos de aprendizado de máquina podem ser aplicados à manutenção de várias maneiras. Por exemplo, um algoritmo de regressão pode ser usado como base para um modelo capaz de prever o tempo ou a falha de uma máquina. Vários algoritmos de classificação podem ser usados para modelar padrões associados a falhas de máquina. Dados gerados por sensores, porém, fornecem grande volume de dados que podem ser modelados para comparar padrões e detectar anomalias de desempenho.

## Reunir silos de dados

O mercado é competitivo, e há muitas empresas emergentes determinadas a perturbar os negócios alheios. Portanto, é imperioso descobrir uma maneira de entender as mudanças sutis nas preferências dos clientes, em suas necessidades, em seus requisitos e interesses e nas ofertas para a mudança. Sendo diligente na condução de pesquisas de clientes e respondendo devidamente a suas reclamações e seus questionamentos, a empresa pode isolar essas informações em diferentes sistemas, atividades e unidades de negócios. Com isso, cada parte da organização que se envolve com clientes desenvolve uma visão parcial e diferente sobre um mesmo cliente.

Melhor é ter uma perspectiva mais ampla de todos esses pontos de contato e de interações com clientes. A reunião desses dados poderia informar muito sobre as preferências do cliente. Muitas dessas unidades de negócios lidarão, ainda, com diferentes linhas de produtos e com compradores diferentes. Nesses casos, pode-se utilizar o aprendizado de máquina para reunir essa variedade de fontes de dados externas e criar um modelo que revele padrões e anomalias no que a empresa oferta aos clientes e na forma como oferece seus produtos e serviços. Tomemos como exemplo uma rede de roupas que dispõe de dados e aplica um algoritmo apropriado para obter uma compreensão da mudança das expectativas do cliente:

» Com o que eles estão satisfeitos e insatisfeitos?
» A base de clientes está crescendo?
» Há clientes saindo?
» Quais são os dados demográficos de novos clientes? E dos existentes?
» Os novos clientes estão comprando os mesmos produtos da mesma forma que os clientes existentes?

Esses dados fornecem *insights* sobre a mudança nos padrões de compra. Empresas de sucesso têm a capacidade de alavancar seus dados, quebrando silos de dados além das fronteiras organizacionais. Negócios disruptivos são ágeis em entender o valor de seus dados no crescimento de sua base de clientes e de receita. Assim, obter *insights* e indicadores iniciais de dados pode transformar um problema em uma oportunidade.

## Focar no cliente

As inovações costumam acontecer quando a empresa entende que existe uma maneira melhor de criar oportunidades de negócios. Para estar preparado para a mudança, é imprescindível ter dados e análises que ajudam a determinar a próxima melhor ação para obter os resultados esperados. Procurar a resposta apenas para um problema funciona quando se tem uma ideia de qual pode ser a resposta. Com aprendizado de máquina, é possível encontrar soluções quando não é possível antecipar as perguntas, as respostas ou os resultados.

Com base na compreensão da mudança de expectativas, é possível saber o que os clientes querem antes de manifestarem essa necessidade. Compreender as mudanças sutis nos padrões de compra do cliente pode otimizar o negócio para mudar constantemente embalagens e ofertas. Ironicamente, é possível obter esses dados de uma variedade de fontes de dados públicas. Consequentemente, combinando esses dados com informações sobre os clientes, podem ser elaboradas abordagens potencialmente vencedoras.

Evitar problemas antes que aconteçam

As grandes cidades frequentemente têm recursos limitados para lidar com seus problemas, os quais podem prejudicar sua capacidade de reação e têm o potencial de sobrecarregar seus governos. Esses problemas envolvem engarrafamentos, acidentes, poluição etc. Ademais, diante de incidentes como uma inundação ou o desabamento de uma ponte, os serviços de apoio da cidade precisam estar preparados para agir antes que as populações sejam impactadas dramaticamente. Uma cidade com sérios problemas socioeconômicos tem dificuldade em atrair investimentos e a instalação de novas empresas.

Nesse sentido, modelagem de padrões de tráfego pela ingestão de dados meteorológicos, dados sobre rotas alternativas de tráfego e mídias sociais, por exemplo, podem alertar a administração das cidades para que informe os cidadãos e redirecionem o tráfego para longe das zonas em dificuldade. Ter essa capacidade de antever situações catastróficas pode evitar a perda de vidas e de bens. Com o uso de IA, é possível aprender os padrões e as condições para alterar os padrões de tráfego em um ritmo e numa escala que a mente humana não conseguiria.

Um dos principais desafios no tratamento de pacientes é que diversos medicamentos podem afetá-los de modo diferente. Alguns deles podem causar graves efeitos colaterais para um paciente, ao mesmo tempo que podem ser altamente eficazes para outro. Isso porque um paciente pode ter condições médicas que o levem a uma reação específica de um tratamento.

Idade e sexo também podem afetar a eficácia de um medicamento. Assim, muitas vezes os médicos têm que recorrer ao método de tentativa e erro para encontrar o tratamento mais eficaz. Uma solução para selecionar a melhor opção é construir um modelo de aprendizado de máquina baseado em algoritmos de classificação ou regressão. O modelo de classificação é necessário para prever o impacto do medicamento com base em resultados conhecidos de testes de pacientes e condições. O modelo de regressão é, então, usado para prever mudanças nas condições de um paciente ao tomar determinado medicamento.

Criar esse modelo usando dados ajuda a fornecer aos pesquisadores uma compreensão de como uma população de pacientes tende a reagir a diferentes medicamentos. Conforme o modelo é construído e treinado, ele se torna capaz de determinar a probabilidade de determinada droga ser mais eficaz para um paciente do que para outro. Se o modelo estiver *on-line*, ele continuará a evoluir à medida que mais pacientes e mais dados forem adicionados. Uma solução pode ser construída para incluir interfaces de programação de aplicativos cognitivos. Dessa forma, um médico pode interagir com o modelo e fazer uma variedade de perguntas para garantir que o tratamento correto seja fornecido com menos efeitos colaterais.

Aproveitar a internet das coisas para criar mais resultados previsíveis

Modelos de aprendizado de máquina são um aplicativo ideal para a internet das coisas. As análises de dados na internet das coisas envolvem conjuntos de dados gerados por sensores. Esses sensores são baratos e sofisticados o suficiente para suportar uma variedade aparentemente infinita de aplicativos. Os dados gerados por sensores contêm uma estrutura específica e são, portanto, ideais para aplicar técnicas de aprendizado de máquina supervisionado.

Os dados em si não são complexos; porém, geralmente são produzidos em enorme quantidade. Ao usar esses dados de sensores com interrupções conhecidas, algoritmos de aprendizado de máquina podem construir modelos para prever, por exemplo, problemas mecânicos futuros. O modelo deve incluir dados sobre os indicadores ideais (*baseline*) de uma máquina em perfeito funcionamento, bem como pontos de dados que precedem uma falha. Conforme o modelo é treinado, ele irá ser capaz de determinar anomalias que indicarão a proximidade e o potencial de falhas.

### Melhorar a confiabilidade

Máquinas e equipamentos precisam ser gerenciados, mantidos e monitorados regulamente para garantir o controle de qualidade e um desempenho eficaz. Equipamento *off-line* para manutenção desnecessária significa tempo de inatividade e ineficiência. Da mesma forma, operar um equipamento até que ele falhe resulta em interrupções e resultados potencialmente catastróficos. Portanto, as organizações querem ter a capacidade de detectar problemas em potencial e corrigi-los antes que causem tempo de inatividade. Alcançar esse nível de manutenção preventiva, todavia, não tem sido fácil.

Com os métodos de diagnóstico tradicionais, pode-se entender o que aconteceu no mês anterior ou mesmo no dia anterior. As empresas de manufatura foram as primeiras a adotar a tecnologia de sensores para monitorar quão bem os equipamentos estão operando. A maneira típica é monitorar a saída dos sensores para determinar uma possível falha.

No entanto, para evitar falhas, é importante prever as falhas a fim de evitar dano.

Embora há décadas já sejam incluídos sensores nos equipamentos, não existia uma maneira fácil de ingerir e agregar os dados criados por tais sensores. Com o advento de técnicas analíticas avançadas, é possível, hoje, capturar as informações geradas pelos sensores e aplicar técnicas de aprendizado de máquina para prever quando uma máquina possivelmente falhará.

### Responder proativamente a problemas de tecnologia da informação

As operações de tecnologia da informação sempre foram complicadas, por causa da matriz de diferentes máquinas, sistemas operacionais, versões, dispositivos de rede, servidores, aplicativos, sistemas de armazenamento etc. Cada sistema tem suas formas exclusivas de gerenciar seus componentes. À medida que novas versões de *software* são implementadas, podem ser necessárias atualizações de configurações para manter o sistema funcionando perfeitamente.

Contudo, frequentemente um erro grave em uma área pode gerar indisponibilidade massiva, tendo como causa original algo difícil de ser determinado. A organização pode implantar uma dúzia de diferentes ferramentas de monitoramento para tentar manter o controle da saúde de seus sistemas. Essas ferramentas de monitoramento capturam uma grande quantidade de dados sobre os sistemas que estão monitorando. No entanto, um desafio é interpretar o grande volume de dados do sistema e lidar com o fato de que estão contidos em *logs*. Então, para apreender os dados, as *logs* devem ser entendidas. Além desse registro e desses dados do sistema, também podem ser valiosos registros de problemas com descrições de um erro ou dados de sistemas de gerenciamento de desempenho dos aplicativos.

Aplicando algoritmos de aprendizado de máquina a essa complexa operação de tecnologia da informação, os dados de ações permitem que as organizações respondam, de forma proativa, a potenciais problemas. Tradicionalmente, a correlação de eventos tem sido usada para visualizar padrões em dados de desempenho. Há momentos, no entanto, em que a correlação, por si, pode ser enganosa. Por isso, para ganhar melhor precisão, os cientistas de dados estão começando a agrupar algoritmos de aprendizado de máquina para identificar anomalias.

O valor da aplicação de aprendizado de máquina é que ele pode criar modelos baseados em um complexo conjunto de dados criados no *data center*, incluindo alertas, *logs*, instrumentação ou sensores. O algoritmo de aprendizado de máquina cria um modelo baseado em todos os dados relevantes. O modelo pode compreender as dependências entre os vários elementos que compõem o meio ambiente e pode ajudar a identificar padrões para métricas de desempenho ideais e compará-las. À proporção que mais dados são adicionados, o modelo é atualizado continuamente.

### Proteger contra fraudes

Malfeitores estão aprimorando a perpetração de fraudes. Quanto mais e mais clientes usam serviços *on-line*, maior o potencial de fraude se torna. Além disso, os processadores de pagamento desejam certificar-se de que os clientes tenham uma transação livre de atrito e não desejam bloquear pagamentos legítimos. Tendo isso em vista, muitas empresas descobriram que a única abordagem que pode ajudar a impedir a fraude é usar *softwares* baseados em algoritmos de aprendizado de máquina. Isso porque um modelo treinado pode identificar uma anomalia antes que um evento de fraude seja perpetrado. Em essência, o modelo pode identificar uma intrusão ou uma ação não autorizada e bloquear o intruso antes que o dano ocorra.

> **Importante!**
>
> O combate à fraude tornou-se um desafio complexo e exige combinação de uma variedade de técnicas. Assim, técnicas lineares, redes neurais e *deep learning* são usados em conjunto para identificar comportamentos fraudulentos nas transações e evitar riscos a empresas e usuários.

Algoritmos lineares têm sido usados há bastante tempo. No entanto, um algoritmo simples pode não prever que o criminoso altere suas técnicas: é difícil estar um passo à frente da atividade criminosa. Atualmente, redes neurais e modelos de *deep learning*, que levam em consideração milhares de pontos de dados para entender o contexto de uma transação, estão sendo usados por processadores de pagamento. Contudo, uma organização não lança mão desses dois recursos de forma isolada. Em vez disso, ela usa todas as três técnicas – algoritmos lineares, rede neurais e modelos de *deep learning* – juntas, a fim de realizar a modelagem do conjunto, que tem suas vantagens. Por exemplo, embora o algoritmo linear perca algumas atividades, pode ser muito bom em capturar os tipos mais comuns e esquemas simples. O modelo final conta com votos de cada modelo de aprendizado de máquina para aprovar ou bloquear uma transação. Esse tipo de avaliação é muito semelhante àquilo que ocorre quando um paciente quer obter opiniões de vários médicos – no final, o objetivo é que opiniões múltiplas ofereçam resultados mais precisos.

Conforme discorremos até agora, a IA e o aprendizado de máquina emergiram como relevantes avanços na indústria de *software* na atualidade. A despeito de essa tecnologia já existir há décadas, somente agora está se tornando comercialmente viável. Na era em curso, essas técnicas tornaram-se ferramentas essenciais para criar valor para empresas que entendem haver um potencial oculto em seus dados. Todavia, há muitos outros avanços emergentes nessas áreas, os quais podem revolucionar o uso dessas tecnologias.

## 5.2
## Inteligência aumentada

A inteligência aumentada é um modelo de parceria centrado no ser humano, reunindo potencialidades da IA, para melhorar o desempenho cognitivo, o aprendizado, a tomada de decisões e as novas experiências. Ela às vezes é contrastada com a IA, ou seja, o projeto de construir uma inteligência semelhante à humana na forma de um sistema tecnológico autônomo, como um computador ou robô. E isso é um erro contextual que deveria ser corrigido para facilitar o uso e a disseminação da IA e da aprendizagem de máquina.

A IA e a aprendizagem de máquina (como sistema autônomo e independente da intervenção humana) encontraram muitos obstáculos fundamentais, práticos e teóricos, que, para a inteligência aumentada, parecem discutíveis, ao se utilizar a tecnologia apenas como um suporte extra para uma inteligência humana, o que já ficou evidenciado em sua história de sucesso, dado que todas as formas de tecnologia – do ábaco, à escrita e à internet – foram desenvolvidas basicamente para ampliar a capacidade humana de processar informações.

A ideia formal da ampliação da inteligência humana por meio de inteligência aumentada remonta à década de 1950. Nesse campo, os seguintes pesquisadores merecem destaque:

» William Ross Ashby, que escreveu sobre amplificação de inteligência em sua *Introduction to cybernetics* (1956).
» J. C. R. Licklider, psicólogo e cientista da computação, que, em seu artigo *Man-computer symbiosis* (1960), previa a interdependência entre cérebros humanos e máquinas de computação, acoplando pontos fortes em alto grau.

» Douglas Engelbart teve sua filosofia e sua agenda de pesquisa expressas, de forma mais clara e direta, no relatório de pesquisa *Augmenting human intellect: a conceptual framework* (1962). Sobre a inteligência aumentada, ele afirma que se trata de um misto de:

> compreensão mais rápida, melhor compreensão, possibilidade de obter um grau útil de compreensão em uma situação que anteriormente era muito complexa, soluções mais rápidas, melhores soluções e possibilidade de encontrar soluções para problemas que antes pareciam insolúveis. Por situações complexas entendemos os problemas profissionais de diplomatas, executivos, cientistas sociais, cientistas da vida, cientistas físicos, advogados, designers – [não importando] se a situação-problema existe por vinte minutos ou vinte anos.
>
> Não nos referimos a truques inteligentes isolados que ajudam em situações particulares. Referimo-nos a um modo de vida em um domínio integrado em que palpites, cortes e tentativas intangíveis e a sensação humana de uma situação coexistem de forma útil com conceitos poderosos, terminologia e notação simplificadas, métodos sofisticados e eletrônica de alta potência. (Engelbart, 1962, p. 313, tradução nossa)

Malgrado tenham se passado 60 anos, essa descrição de Engelbart talvez seja a que melhor descreva como a IA pode ser apropriada pelos humanos e integrada ao dia a dia, com potencial de levar a humanidade a alcançar outro patamar na dinâmica do trabalho. Ela é poderosa pois não coloca em rota de colisão homens *versus* máquinas, IA e algoritmos de aprendizagem de máquina. Em verdade, ela amplifica a capacidade humana, libera os trabalhadores de labores indesejados, arriscados; mais que isso, permite vislumbrar um mundo onde o ócio criativo seja acessível a todos; onde a proposta de quatro dias úteis de trabalho semanal seja uma alternativa possível; onde possa haver equilíbrio entre trabalho, afazeres pessoais e lazer.

Alguns pesquisadores chamam os sistemas de inteligência aumentada de *centauros* – em homenagem às criaturas com características antropozoomórficas, sendo parte humanos, parte cavalos, presentes na mitologia grega – porque combinam a IA e a inteligência humana.

A maioria das pessoas espera que os sistemas de computador de hoje sejam mais rápidos do que o pensamento humano, especialmente para trabalhar com grandes quantidades de informações ou para executar rapidamente tarefas repetitivas. Contudo, há limitações reconhecíveis do pensamento computacional. Muitos dos desafios de hoje acontecem em "mundos abertos", situações em que situações inesperadas e novas podem acontecer, em contraste com os "mundos fechados", que caracterizam situações como um jogo de xadrez.

### Supermente

Thomas Malone (2018, p. 34-35, tradução nossa) argumenta que superestimamos o potencial da IA: "É fácil imaginar computadores tão inteligentes quanto pessoas, mas infelizmente é muito mais difícil criá-los. No entanto, muitas vezes subestimamos o potencial da hiperconectividade, talvez porque seja mais fácil criar hiperconectividade do que imaginá-la". Ele arremata com um pensamento ainda mais ambicioso:

> É crescente a utilidade de ver todas as pessoas e computadores do planeta como componentes de uma única supermente global. E talvez nosso futuro como espécie dependa de sermos capazes de usar nossa supermente global para tomar decisões que não sejam apenas inteligentes, mas também sábias. (Malone, 2018, p. 35, tradução nossa)

Diante desse conceito, a IA permite utilizar aplicações que ajudam as pessoas a executar tarefas de forma mais assertiva ou a tomar decisões melhores. Para as empresas, o potencial é aumentar e melhorar os processos cognitivos de criação de opções e de tomada de decisões, aproveitando essa hiperconectividade e usando o poder das supermentes. Esse é um processo de três etapas: (1) sentir o mundo ao redor; (2) lembrar-se do passado; e (3) aprender com a experiência ao longo do tempo. Os computadores podem contribuir para essas tarefas de forma mais inteligente e poderosa.

## 5.3 Computação cognitiva

Além das subáreas da IA relacionadas aos sistemas baseados em conhecimento e especialistas, existe outra subárea, relacionada à inteligência cognitiva, que contempla a capacidade de aprimorar o aprendizado da máquina. A computação cognitiva é o que dá vida aos processos de aprendizado autônomo. Um exemplo é o Watson, da International Business Machines (IBM), uma aplicação que utiliza grande quantidade de dados e de processamento computacional com o intuito de tomar decisões similares às de um humano.

### A cognição humana no meio organizacional

Algoritmos de IA são capazes de raciocinar com base em processamentos computacionais, lógicos e de estatística, mas sempre limitados aos recursos dos algoritmos e da aplicação a que se destinam. Por exemplo, pode-se desenvolver um algoritmo específico para melhorar a produtividade de um processo de chão de fábrica. Contudo, essa aplicação de IA é específica e não desvela outras coisas, como preferências de horários e dia da semana em que os colaboradores rendem mais. Para isso, é necessário criar um algoritmo; isso porque algoritmos inteligentes vão realizar apenas ações para as quais foram programados.

A inteligência cognitiva utiliza um poder de processamento computacional ainda maior e com mais dados, com o intuito de imitar funções cognitivas humanas. Dessa forma, deve entender, raciocinar e aprender de modo semelhante a uma pessoa, que se utiliza de várias inteligências na execução de uma ação. Busca-se, com o uso dessa tecnologia embrionária, permitir o processamento de forma autônoma de grandes quantidades de dados para a solução contínua de problemas, como gestão de trânsito, prevenção de fraudes, tarefas específicas de grande complexidade.

Algoritmos cognitivos são projetados para identificar pequenos padrões em um grande volume de dados, o que o capacita a monitorar processos em tempo real e usar mecanismos de aprendizado de máquina para se adiantar a possíveis problemas mais rapidamente. Isso acontece porque a inteligência cognitiva utiliza um ecossistema de linguagens de programação, plataformas e ferramentas mais integradas. Um exemplo é o veículo autônomo, capaz de imitar diferentes inteligências humanas.

## Fique atento!

Apesar de a inteligência cognitiva ainda ser uma realidade distante das empresas, irá exigir uma transformação digital com massiva captura de dados e que permita realizar automaticamente predições ou tomada de decisões.

No universo da computação cognitiva, o aprendizado de máquina está encontrando seu caminho em todos os aspectos: da computação de mídia social a aplicativos financeiros complexos. Ele pode ser usado para aprimorar a experiência do cliente, prever resultados de dados complexos e, até mesmo, transformar as operações das empresas. Ser capaz de correlacionar dados para detectar padrões e anomalias relacionadas pode ajudar uma organização a prever resultados, melhorar suas operações e antecipar mudanças; existem inúmeros exemplos disso em quase todas as indústrias. A seguir, comentaremos alguns exemplos de como a computação cognitiva pode ser aplicada à solução de problemas complexos de negócios.

### Computação cognitiva: caso Watson

Watson é a plataforma de serviços cognitivos da IBM. Avanços da IA permitem que essa capacidade seja integrada a sistemas que aprendem em larga escala para resolver problemas da sociedade com diferentes finalidades. O Watson foi criado para ser uma base de desenvolvimento de aplicações capazes de melhorar processos, interações e ações. No Brasil, existem mais de 30 casos de uso públicos em áreas como as de saúde, educação, finanças, agricultura, em diferentes serviços, como reconhecimento e análise de vídeos e imagens; interação por voz; leitura de grandes volumes de textos; e criação de assistentes virtuais.

As fontes de informação do Watson são diversas, desde bases proprietárias das empresas sobre determinados assuntos até enciclopédias, dicionários, artigos e trabalhos literários. Entre os usos e as aplicações atuais e potenciais do Watson, figuram os casos que detalhamos a seguir.

### Na saúde

Nessa área, destacam-se as aplicações para o desenvolvimento de novos medicamentos. Essa tarefa exige exige a análise de centenas ou milhares de artigos científicos, livros, patentes e resultados de tratamentos. Essa revisão bibliográfica, que levaria semanas ou meses para ser realizada por um pesquisador, pode ser executada em minutos pelo Watson.

A plataforma também pode auxiliar pesquisadores a identificar relações entre genes, proteínas e interações medicamentosas.

Um exemplo é a parceria feita pela IBM e pelo tradicional centro de tratamento de câncer Memorial Sloan Kettering, em Nova Iorque, Estados Unidos, com o objetivo de desenvolver tratamentos específicos para cada paciente.

Na educação

O Watson pode auxiliar professores a compreender melhor as necessidades dos alunos, mediante a personalização e a análise de percepções sobre os estilos de aprendizagem, assim como por meio das preferências e das aptidões de cada aluno. Isso aumenta as chances de sucesso dos estudantes e reduz seu tempo de permanência nas instituições de ensino.

Na segurança

Ataques cibernéticos vêm crescendo em volume e em complexidade. O uso de aplicações de inteligência cognitiva pode ajudar analistas de segurança a evitar potenciais ameaças e otimizar os tempos de resposta, graças à análise de dados, artigos de pesquisa, *blogs* e notícias, além de percepções instantâneas.

No *marketing*

Volume elevado de dados para analisar, expectativas crescentes dos clientes e falta de confiança nas marcas: o mercado do *marketing* precisa responder a exponenciais demandas. Então, aplicações de inteligência cognitiva podem oferecer as experiências que os clientes esperam, mediante o *big data*, para dar um atendimento mais personalizado e melhor para cada cliente.

## 5.4
## Aplicações de inteligência cognitiva no meio organizacional

Até agora, apresentamos um grande apanhado das complexidades e dos benefícios da IA e da aprendizagem de máquina para resolver problemas de negócios, além de conhecimentos sobre técnicas analíticas, linguagens e ferramentas. Aqui apresentamos algumas tecnologias e aplicações que podem ajudar a empresa a alavancar, com sucesso, os benefícios dos sistemas baseados em conhecimento e cognitivos para apoiar os objetivos de negócios.

Como informamos, muitos dos sistemas baseados em conhecimento, em especialistas e em sistemas cognitivos são suportados por processos de aprendizado de máquina e modelos criados pelos programadores e cientistas de dados. Entretanto, para esses modelos serem capazes de prever complexos resultados de negócios, deve haver um rigoroso trabalho de equipe na empresa. Líderes de linha de negócios, em geral, devem ter os conhecimentos e dispor dos dados importantes para analisar o negócio. Todavia, eles costumam determinar o que é mais importante para os clientes partindo de um viés subjetivo. Por isso, é fundamental que as equipes de cientistas de dados analisem e descubram novas fontes de dados que possam melhorar a capacidade das empresas de descobrir padrões e tendências. O nível apropriado de colaboração entre unidades de negócios, liderança corporativa e cientistas de dados pode criar valor que conduza à verdadeira diferenciação e a uma mudança significativa nos negócios.

Depois de ter uma ideia dos tipos de problemas que se pode resolver utilizando IA, é preciso estar pronto para experimentar. Não se pode apenas contratar alguns cientistas de dados e fazê-los desenvolver modelos isoladamente: é fundamental também o trabalho em equipe e a colaboração entre analistas de negócios, executivos, estrategistas, analistas e cientistas de dados.

Inicialmente, identifica-se um problema que pode estar vinculado a um resultado comercial. Então, seleciona-se um pequeno problema do qual se tem conhecimento estruturado e, em seguida, identificam-se prontamente os dados e as fontes de dados que se pode obter. Por exemplo, quais oportunidades a empresa pode aproveitar para crescer? Talvez se tenha identificado um produto tradicional, muito popular que não está mais vendendo bem. Qual é a embalagem ideal para esse produto e o que poderá aumentar as vendas dele no futuro? Quais são as mudanças ocorridas nos canais de distribuição? Quais são os novos hábitos de consumo dos clientes? Ao compreender e modelar os conhecimentos e dados, é possível entender como essas informações ajudam a prever o melhor conjunto de opções que atendem às necessidades de mudança dos clientes. Um projeto-piloto também é uma ferramenta de *marketing* para demonstrar à empresa que se pode antecipar as necessidades futuras dos clientes.

Feito isso, é preciso explicitar o propósito do projeto-piloto e o tipo de dados que se está usando. Bons projetos-pilotos são um subconjunto de um problema de negócio que se está tentando resolver. Se esse projeto for bem-sucedido, os objetivos já terão sido colocados no contexto e se poderá obter *insights* para definir as etapas seguintes.

De qualquer forma, muito será aprendido: com um piloto de sucesso, e ainda mais com um projeto que tenha fracassado. O que se pode aprender sobre o padrão de compra dos clientes? Pode-se determinar como os clientes compram determinados produtos hoje e como e quando isso começou a mudar? Esses novos padrões que emergem dos dados e a capacidade de prever o que isso pode significar para o negócio contribui para a estratégia de transformação.

Logo, o piloto pode revelar o surgimento de alguns padrões interessantes sobre os clientes e os seus requisitos futuros. Como os resultados diferem da maneira como são conduzidos os negócios hoje? A administração fez certas suposições sobre os clientes e sobre o que eles desejam. Os resultados do piloto indicam que essas suposições seguem de acordo com os desejos dos clientes?

É possível se surpreender ao saber que, ao remover os preconceitos, os resultados podem ser significativamente diferentes do que se pensou. Esse é um dos grandes benefícios de utilizar sistemas baseados em conhecimento e aplicar o aprendizado de máquina a problemas de negócios: a capacidade de entender o negócio de uma maneira muito diferente e de descobrir que o projeto-piloto indica que as expectativas dos clientes são muito diferentes das suposições e do ponto de vista adotado. Conforme são adicionadas fontes de dados, as mudanças nos requisitos do cliente tornam-se ainda mais claras e definidas. Essas respostas alimentam o planejamento de negócios e podem fazer a empresa se mover mais rapidamente para encontrar novas abordagens que podem impactar positivamente a receita do negócio.

O principal benefício de um projeto-piloto é que ele indica como usar sistemas baseados em conhecimento, aprendizado de máquina e inteligência cognitiva para compreender melhor o negócio. Se se planejou o piloto como a primeira etapa de uma sucessão de projetos, esse é o caminho certo para aprender mais e mais com os dados.

Nessa fase, é necessário expandir para incorporar mais dados e direcionar mais negócios no processo. Convém selecionar mais fontes de dados de muitas diferentes áreas de negócios que auxiliam o processo analítico. Com aprendizado de máquina, quanto mais dados se aplicar a um projeto, mais chances de se obterem *insights* para aplicar na estratégia de negócios.

Deve estar claro que, nas aplicações de sistemas baseados em conhecimento, uma das tarefas mais complexas é selecionar o modelo mais adequado de aprendizado de máquina para o problema de negócios. Essa seleção é o ponto de partida na jornada para tornar o aprendizado de máquina uma ferramenta indispensável para prever resultados de negócios.

Ademais, o algoritmo selecionado deve ser generalista o suficiente para se manter preciso com novos dados. Por exemplo, vale começar selecionando um conjunto de dados de amostra bastante conhecido na organização. Depois, pode-se adicionar um conjunto de dados de uma fonte totalmente diferente a qual seja relevante para testar a hipótese. Qual foi o resultado do algoritmo selecionado para prever resultados do conjunto de dados bem compreendido e do novo conjunto de dados separadamente? E combinados?

Não é fácil selecionar o algoritmo mais adequado para tratar os dados. Felizmente, o mercado entendeu a necessidade de ferramentas para ajudar nessa seleção. Como escolher o melhor modelo? Embora o *overfitting* possa ser um inconveniente, outro problema sério é que os modelos perdem precisão com o tempo. Por isso, é necessário continuamente calibrar o modelo. Existem mais de 40 algoritmos classificadores diferentes. Estes podem ser combinados, dependendo da abordagem que o cientista de dados está usando e da técnica que melhor representa a necessidade de resultados. Portanto, pode-se ter centenas de combinações para escolher, e usar uma ferramenta de automação nessa seleção permite que os analistas e os cientistas de dados determinem mais rapidamente a melhor combinação de algoritmos que fornecerá a pontuação mais alta e o melhor ajuste para os dados. As ferramentas de automação são importantes não apenas por causa da complexidade dos algoritmos, mas também porque é preciso garantir que os algoritmos selecionados para construir os modelos não terão impacto na latência e na consistência dos dados.

Nessa perspectiva, diversas ferramentas *open source* são destinadas a ajudar os cientistas de dados a selecionar o algoritmo correto. Essas ferramentas são frequentemente vinculadas à linguagem utilizada. Como exemplo, podemos citar:

- **RapidMiner**: uma plataforma para trabalhar com *data science* de forma rápida, simples e visual. As ferramentas oferecidas fornecem uma interface gráfica rica com objetos e processos que simplificam as diversas tarefas necessárias para trabalhar mineração de dados.
- **Apache Airflow**: um *framework* baseado em Python que permite que cientistas e engenheiros de dados criem, agendem e monitorem fluxos de trabalho de maneira programática. Isso é importante porque obter dados em formato, quantidade ou qualidade especificados é a parte mais desafiadora para qualquer pessoa que lide com dados. Além disso, contém *logs* e recursos de tratamento de erros para corrigir as falhas.
- **Elasticsearch**: conta com recursos surpreendentes. Recomenda-se estar familiarizado com o uso dessa tecnologia, pois ela pode ser usada para uma fácil pesquisa de texto quando incorporada à plataforma analítica.
- **Weka**: tem funcionalidades para manipulação de bases de dados (pré-processamento), interface para visualização de dados e diversos algoritmos de *machine learning* e *data mining*. Isso é um facilitador para seus usuários, que não têm de dominar diversas ferramentas para fazer seu trabalho.

A ciência de dados, bem como a escolha e a aplicação de algoritmos, constitui um vasto espectro de possibilidades que requer diversos tratamentos de dados de maneira única. Essas ferramentas buscam atender a diferentes estágios do ciclo de vida desse tipo de ciência.

# capítulo 6

Estratégias para uso da inteligência artificial em empresas do Brasil e do mundo

**Conteúdos do capítulo:**

- » Estratégias de uso de aplicações da inteligência artificial (IA).
- » Marco Legal das *Startups* no Brasil.
- » Cenário internacional de aplicações da IA.

Após o estudo deste capítulo, você será capaz de:

1. identificar estratégias para desenvolver aplicações da IA;
2. descrever como empresas no Brasil estão investindo em IA;
3. explicar o panorama internacional de aplicações da IA;
4. identificar oportunidades que a IA oferece para o ambiente de negócios.

À primeira vista, pode-se pensar que é possível empregar uma grande equipe de cientistas de dados. No entanto, a realidade é que é difícil encontrar tais profissionais qualificados porque existem em número muito inferior à demanda. Da parte da empresa, é preciso avançar rapidamente nesse cenário e pagar altos salários para os cientistas de dados que conseguir contratar.

A equipe precisa de uma variedade de ferramentas para desenvolver, com sucesso, soluções baseadas em aprendizado de máquina na resolução de alguns dos problemas de negócios mais complexos. Não importa o tamanho da empresa, há algumas características comuns para garantir uma estratégia bem-sucedida. A equipe pode ser de uma ou de duas pessoas que fazem de tudo ou, em uma empresa maior, pode haver uma pessoa para cada conjunto de habilidades.

A seleção de pessoal deve levar em conta as seguintes questões:

» A equipe tem de apresentar a melhor combinação de habilidades possível. Equilibrar as qualidades e os conhecimentos dos membros dessa equipe técnica com as dos membros da empresa é essencial.
» O cientista de dados líder deve ser bem versado em programação e em princípios arquitetônicos. Tem de demonstrar também habilidades de liderança, a fim de direcionar a equipe para alcançar os objetivos de negócios.
» A equipe tem de contar com um ou mais analistas de negócios que conheçam o setor ou indústria tão bem quanto o processo de geração de valor da empresa.
» Ao menos um membro do time tem de ser capaz de contar uma história (*storytelling*) com base nos dados – o que fez, como fez e por que fez. Essa habilidade é diferente de interpretar ou de compreender os dados: trata-se de usá-los para enquadrar uma discussão ou provocar uma ação.
» É preciso contar com líderes empresariais representativos que entendam o que eles e a empresa precisam ganhar com o sucesso do projeto.
» A equipe tem de conter especialistas no assunto que realmente entendam os detalhes de como os processos funcionam e a natureza dos dados. Esses especialistas devem colaborar com os cientistas de dados para compreender como capturar, organizar e processar os dados.
» Quando necessário, é recomendável contratar consultores para treinar a equipe em novas linguagens e ferramentas que apoiem os objetivos do projeto. Também é importan-

te contratar especialistas de mercado para áreas específicas nas quais não haja talentos internos disponíveis.

Em uma grande empresa, pode haver dentro da organização várias pessoas adequadas para realizar as tarefas. Nesse caso, é preciso se certificar de ter bons líderes que criem um ambiente colaborativo. Já em uma pequena empresa, convém selecionar os membros da equipe que realmente entendam os fundamentos de sua organização e seus objetivos.

As lideranças têm de estar cientes da necessidade de entrelaçar os objetivos da empresa com o aprendizado de máquina e o investimento necessário. Não existe uma única ferramenta ou técnica que pode ser usada para aprendizagem de máquina, sendo possível e aconselhável lançar mão de uma variedade de ferramentas. Deve-se gastar algum tempo experimentando abordagens diferentes que correspondam aos problemas que se precisa resolver. Existem melhores práticas para ajudar nesse processo de seleção de ferramentas.

Além disso, como informamos em capítulos anteriores, existem várias linguagens populares que podem ser úteis para avançar com aprendizado de máquina. A popularidade das linguagens muda ao longo do tempo, e, por essa razão, é recomendável aprender mais de uma. Conforme explicamos, linguagens como Python, R, Java e C ++ são fundamentais para avançar com a aprendizagem de máquina. Ferramentas como o Hadoop e Spark e serviços em nuvem também são necessários para operar em tal ambiente.

Além desse conhecimento, é necessário entender os incontáveis algoritmos que serão úteis para o aprendizado de máquina. Um bom cientista de dados conhece probabilidade e métodos estatísticos, porque são utilizados na criação dos modelos. Algoritmos importantes incluem a criação de modelos para determinar padrões e correlações, análises e agrupamentos de dados. Também é importante aplicar o melhor algoritmo para resolver o problema em questão. Por isso, é relevante conhecer as diferentes bibliotecas e as interfaces de programação de aplicações, incluindo Spark MLlib, $H_2O$ e TensorFlow, para um número maior de pacote de algoritmos de aprendizado de máquina. Uma das mais importantes habilidades para os desenvolvedores é entender qual algoritmo tem o melhor ajuste para o problema.

Por exemplo, um modelo de regressão linear se encaixa no problema quando se está tentando entender como dois pontos estão relacionados. Já se o interesse for compreender o conteúdo de dadas imagens, vale explorar os algoritmos do TensorFlow. Muitas técnicas de aprendizado de máquina combinam com uma variedade de problemas de aprendizagem.

Quanto aos dados, deve-se garantir que as fontes sejam confiáveis e rastreáveis e que façam sentido para a aplicação em específico. A qualidade das fontes de dados determina o sucesso ou o fracasso dos projetos.

## 6.1 Como as organizações no Brasil estão investindo em IA

O ecossistema de empreendedorismo tecnológico e de inovação é, sem dúvidas, um dos ambientes mais dinâmicos e repletos de possibilidades da economia nacional. Todo ano são desenvolvidos novos produtos, novas tecnologias e inovações que impactam não apenas a economia, mas também a vida de todos os brasileiros, direta ou indiretamente. Por se tratar de um meio em constante mudança, são muitas as novas tendências e os novos movimentos em um brevíssimo tempo, tornando muito difícil acompanhar esse contexto geral.

Entre 2020 e 2021, o ecossistema de inovação brasileiro não só resistiu à crise da covid-19, como também recebeu um volume de investimentos inédito em sua história (Distrito,

2021). Em 2021, esse crescimento se intensificou com as *startups* brasileiras recebendo cerca de US$ 9,4 bilhões em aportes, quase o triplo do no ano anterior. Muitos dos fundos de *venture capital* que lideraram ou participaram dos maiores aportes em *startups* brasileiras são estrangeiros; SoftBank, Tiger Global Management, Tencent, Accel, Ribbit Capital e QED Investors são alguns deles.

Outro movimento que seguiu firme em 2021 foram fusões e aquisições. Cerca de 280 operações foram realizadas. Entre os fatores que contribuíram para esse crescimento, está o amadurecimento dos produtos e serviços das *startups*, que conquistaram a confiança das grandes corporações nacionais e estrangeiras, por seu grande potencial de inovação e pela disrupção que podem gerar nas indústrias em que operam. No mercado nacional, as *fintechs* são as mais adquiridas por outras empresas ou *startups*. Em um país em que os serviços bancários ainda são concentrados nas mãos das companhias tradicionais, faz sentido que outras organizações tentem dissipar esse monopólio mediante a compra dessas *fintechs*.

Conforme estimativa da International Data Corporation (IDC, 2021), consultoria especializada em inteligência de mercado, investimentos em IA no Brasil, no ano de 2020, chegam a US$ 464 milhões (R$ 2,4 bilhões, em conversão direta). O cálculo foi baseado numa pesquisa anual da companhia com mais de 500 empresas de médio e grande portes. A maior parte dos investimentos se efetivou em contratos com consultorias de tecnologia da informação e de negócios. Todo esse investimento no setor não significa, segundo o estudo, um grande salto dos usos da IA no Brasil, pois ela deve ser ainda mais aplicada nas estratégias das empresas nos anos subsequentes, devido ao 5G e ao *edge computing*, modelo de computação distribuída que tornam próximos a computação e o armazenamento de dados das fontes de dados.

Esses investimentos incluem sistemas para análise de grandes volumes de dados para extrair significado, encontrar padrões, assimilar experiências e fazer previsões. Em expansão acelerada e mais acessível do que nunca, a IA tem revolucionado diversas indústrias no Brasil. Além disso, seu impacto é também econômico: de acordo com um estudo da consultoria FrontierView (2020), o Produto Interno Bruto (PIB) do Brasil poderia crescer 4,2% até 2030 com a adoção de modelos de IA em massa. Em um cenário conservador, a expectativa de ganho seria de 1,8%.

O aplicativo da empresa de transportes individuais 99 é um exemplo da IA integrada ao dia a dia: ele utiliza um conjunto de algoritmos de segurança para proteger os usuários durante as corridas. Por exemplo, identifica passageiras mulheres em regiões com bares e casas noturnas e, após certos horários ou em trajetos longos, encaminham a elas somente motoristas mulheres ou os condutores mais bem avaliados. Em 2021, o número de queixas caiu cerca de 45%.

Outras iniciativas importantes no Brasil são os Centros de Pesquisas Aplicadas em Inteligência Artificial do Ministério da Ciência e o Centro de Inteligência Artificial, uma parceria da Universidade de São Paulo (USP) com a International Business Machines (IBM) e a Fundação de Amparo à Pesquisa do Estado de São Paulo (Fapesp). Todavia, o Brasil ainda está atrasado no tema em relação aos Estados Unidos e a outros países da Ásia e Europa.

Estudo apresentado em 2021 pela consultoria Everis, em parceria com a Endeavor, mostra que *startups* baseadas em IA vêm crescendo no Brasil, mas ainda esbarram em entraves como falta de investimentos e de talentos. Hoje, na América Latina, há 490 empresas baseadas em IA. Elas já empregaram mais de 38 mil pessoas e captaram mais de US$ 2,2 bilhões em investimentos, alcançando faturamento combinado superior a US$ 4,2 bilhões. De maneira geral, o Brasil conta com

206 dessas empresas, ou 42% do total. O México aparece em segundo lugar, com 97 companhias, seguido pelo Chile, com 57 (O panorama..., 2021).

De acordo com esse estudo, a estimativa até 2025 é de que o mercado de IA movimente valor aproximado de US$34 bilhões. Contudo, o Brasil ocupa a 46ª posição no The Global IA Index, que avalia os níveis de investimento, inovação e implementação de IA. No topo do *ranking*, estão os Estados Unidos, seguidos pela China, pelo Reino Unido, pelo Canadá e por Israel.

### Marco Legal das *Startups*

Em 31 de agosto de 2021, a Lei Complementar n. 182, de 1º de junho de 2021 (Brasil, 2021), a qual instituiu o Marco Legal das *Startups*, entrou em vigor. Essa lei visa a criar um ambiente regulatório favorável para empresas inovadoras e guarda cinco fundamentos para desburocratizar modelos de negócios:

1. Definição legal e princípios
2. Segurança jurídica para investidores
3. Fomento
4. Redução na tributação
5. Desburocratização de processos legais

Outras leis já tratavam de temas importantes para esses novos modelos de negócio. Entretanto, por essa lei, podem ser enquadradas como *startups* as empresas e sociedades cooperativas que atuam na inovação aplicada a produtos, serviços ou modelos de negócios que tenham receita bruta de até R$ 16 milhões ao ano e até dez anos de inscrição de Cadastro Nacional de Pessoa Jurídica (CNPJ).

O principal efeito prático desse marco regulatório é permitir investimentos em *startups* sem necessidade de criar vínculos com a empresa. Isso significa que um investidor pode aplicar capital em várias *startups* para auferir lucros, sem necessariamente responder por passivos que eventualmente as empresas venham a contrair. Com base nas recomendações da Organização para a Cooperação e Desenvolvimento Econômico (OCDE), a regulamentação permite que as tecnologias relacionadas à IA não sofram limitações legislativas imediatas, prejudicando seu desenvolvimento. Também estabelece normas, direitos e deveres para governos, empresas e usuários e trata de temas como fomento, inovação, livres iniciativa e concorrência, transparência, promoção à pesquisa e ética. Propõe, ainda, que as análises de casos sejam realizadas de forma conjunta às instituições reguladoras de cada área – por exemplo, a Agência Nacional de Vigilância Sanitária (Anvisa) para avaliar o uso de IA em medicamentos ou o Banco Central (BC) para analisar questões do mercado financeiro.

## 6.2 Cenário internacional do uso de IA

Quando a Netflix indica séries ou filmes a que o usuário gostaria de assistir, quando o Google Assistant responde corretamente a uma pergunta ou quando um celular reconhece o rosto do usuário estão em uso aplicações e funcionalidades da IA.

O ano de 2021 teve recorde global em investimentos para as *startups* especializadas em IA: foram captados US$ 17,9 bilhões (Distrito, 2021). No mesmo período, nasceram 13 unicórnios, avaliados em mais de US$ 1 bilhão. A brasileira Unico, especializada em identidade digital, e a NotCo, criada no Chile e produtora de alimentação à base de plantas, são as representantes da América Latina. A Unico vem investindo em seu time de engenharia de produtos, contratando talentos de todo o mundo para as áreas de *privacy innovation* e *research*. Já a chilena NotCo utiliza um algoritmo para encontrar substâncias vegetais que recriem produtos de origem animal com a combinação de vegetais buscando sabor, textura, aroma e valor nutricional semelhantes ao original. O algoritmo desenvolve a receita, e os *chefs* testam na cozinha-laboratório.

A IA tem se mostrado cada vez mais eficiente na automatização das tarefas de análise do mercado de capitais em busca de investimentos com alto potencial de retorno. Dessa forma, hoje, no mundo, quatro setores vêm se destacando nas aplicações e usos da inteligência artificial. A seguir, detalhamos cada um deles.

### Saúde

É possível notar o impacto da IA na saúde na integração da jornada do paciente, desde o agendamento de uma consulta até a entrega de exames. Com isso, os profissionais da saúde conseguem focar suas ações na assistência ao paciente. Ilustra isso a Onkos, *startup* de biologia molecular que auxilia em casos de diagnósticos incertos. Estimam-se 60 *startups* no setor de saúde e biotecnologia.

Esse tipo de tecnologia vem transformando diversos setores da economia e a área da saúde, com aplicações em *healthcare*. O movimento tecnológico no setor foi, sim, acelerado pela pandemia de covid-19, mas está apenas no começo, com muito espaço para avanços e desenvolvimento. Ainda há muito a ser feito, muito a ser investido e muita inovação pela frente. O uso de robôs com IA é uma das principais tendências na área da saúde: algoritmos inteligentes ampliarão a capacidade dos profissionais, otimizando o atendimento aos pacientes e ajudando médicos a serem mais precisos e rápidos em diagnósticos e tratamentos.

O uso de computação cognitiva, aliado ao Processamento de Linguagem Natural (PLN), permite interações com os pacientes de forma humanizada e o auxílio nos diagnósticos médicos. Mediante o uso de tecnologia pode-se identificar variações em situações que deveriam seguir um padrão, além de utilizar outras variáveis impossíveis de serem percebidas pelo humano, como o sequenciamento genético, permitindo diagnósticos mais precisos. É possível armazenar, comparar e reconhecer padrões com base em milhares de imagens. Os impactos da IA na saúde são extremamente positivos e proporcionam inúmeros benefícios para a área. Todo o ecossistema da saúde precisa estar alinhado nessa mesma direção, com o objetivo de usar a tecnologia a favor dos pacientes, priorizar o atendimento, proporcionar maior efetividade de resultados e mais precisão nos diagnósticos e garantir a segurança de dados.

Agricultura

A agricultura, um dos setores em que menos se imaginava ver aplicações de IA, por ser uma atividade baseada em tradições, previsões meteorológicas e teorias, apresenta um enorme potencial para as aplicações desse tipo de inteligência. Assim é em razão de problemas quase sempre sem solução, como pragas, sazonalidade das chuvas ou imprevisibilidade do clima.

Aplicações de IA podem mudar esse cenário. Em 2019, 1,5 milhão de produtores rurais utilizava dados e aplicações de tecnologia na gestão de suas plantações. Um exemplo é a empresa Pluvi.on, que utiliza IA para determinar a ocorrência de chuvas, e a Agrosmart, que monitora a certificação do carbono em solos.

Indústria

Processos automatizados dispensam a atividade humana em algumas coisas, mas demandam um pensamento estratégico sobre como as máquinas podem contribuir para o aumento da produtividade e a criação de novos serviços e processos. Nesse contexto, as ferramentas de IA são utilizadas em sensores como Smart Data e internet das coisas, de forma correlacionada, com o fito de encontrar as melhores maneiras de executar as atividades ou de analisar desvios.

Os resultados da aplicação de IA são reais e têm o potencial de agregar valor a um modelo de negócios existente. Num ambiente de disruptura, há empresas inovadoras no mercado que trabalham com essas soluções e prestam serviços em áreas antes inimagináveis. Grande parte das *startups* seguem criando soluções personalizadas para cada empresa, sempre seguindo as frentes de inovação, estratégia e automação.

## 6.3
## *Startups* baseadas em IA

Continuamente, as técnicas de IA vêm sendo utilizadas para melhorar o desempenho dos algoritmos de predição. Nos últimos anos, com os modelos de computação distribuída e as possibilidades de processamento e de armazenamento mais baratos, aumentou o interesse em IA e *machine learning*. Isso gerou uma grande quantidade de dinheiro investido em empresas de *software* iniciantes, promovendo grandes avanços e soluções com viabilidade comercial sendo efetivamente aplicadas.

Algoritmos de aprendizado de máquina têm sido disponibilizados por meio de comunidades de código aberto com grandes bases de usuários. Com isso, mais recursos, conhecimentos, estruturas e bibliotecas facilitaram os desenvolvimentos e tornaram a visualização mais consumível, dispensando o suporte de mais de cientistas de dados para interpretar resultados. A consequência disso é o uso mais amplo do aprendizado de máquina em muitos setores.

Impulsionadas pela transformação digital, *startups* focadas em soluções de IA vêm apresentando ótimo desempenho.

### De olho nos números!

O Brasil tem 702 *startups* voltadas para soluções baseadas em IA. Desde 2012, o setor atraiu US$ 839 milhões, e, em 2020, foram realizados 44 aportes, com destaque para a Unico, que recebeu US$ 109 milhões da General Atlantic e do Softbank.

As *startups* são divididas por setores e por funções. Na primeira categoria, estão empresas que oferecem soluções de IA especializadas como na área de saúde ou em biotecnologia. Na outra, estão as empresas que oferecem serviços e produtos para diversos segmentos simultaneamente, com destaque para IA *as a service* (AIaaS), inteligência de dados, cibersegurança e *chatbots*. O documento Inteligência Artificial Report acrescenta que o setor enfrenta desafios no campo do compartilhamento de dados. Mesmo com a Lei n. 13.709, de 14 de agosto de 2018 (Brasil, 2018) – a LGPD –, e o avanço do *open banking*, os usuários continuam receosos quanto ao uso de dados.

Segundo os setores, o estudo destaca *startups* com soluções nos seguintes ramos:

- imobiliário;
- serviços financeiros;
- publicidade e *marketing*;
- saúde e biotecnologia;
- educação;
- mídia e entretenimento;
- varejo multicanal;
- risco e preservação ambiental;
- agricultura e comida;
- regulação e *compliance*;
- logística e transporte;
- indústria 4.0;
- recursos humanos e gestão de pessoas.

Quanto às funções, há *startups* que se caracterizam pela abrangência de atuação setorial, oferecendo produtos e serviços com aplicações a diversos setores do mercado, conforme listado a seguir:

- » **Cibersegurança**: ferramentas de IA para segurança e diagnósticos de risco;
- » **Business intelligence e Analytics**: plataformas de gestão de dados e de *business intelligence* baseadas em aprendizado de máquina e/ou *deep learning;*
- » **AIaaS**: *startups* que se dedicam a vender, na forma de serviços, suas soluções de IA, trabalhando com várias soluções simultaneamente, de acordo com a necessidade;
- » **Chatbots**: soluções baseadas em PLN e em visão computacional para vendas e relacionamento automatizado com clientes e usuários de serviços diversos;
- » **Sistemas de recomendação**: soluções baseadas em aprendizado de máquina ou *deep learning* para recomendação automatizada de produtos e serviços.

As tecnologias exponenciais de hoje são muito aceleradas por terem sido construídas sobre tecnologias anteriores. IA, *blockchain*, internet das coisas e computação quântica se beneficiam de uma plataforma fundamental de crescimento que inclui computação em nuvem e dispositivos móveis inteligentes conectados. Esse crescimento é ainda mais acelerado pela convergência de tais tecnologias exponenciais, à medida que são combinadas de maneiras criativas.

O Brasil pode alcançar liderança mundial em inovação e tecnologia com uso de IA em diversos segmentos do mercado, inclusive em áreas que requerem dados em larga escala. Sendo um produtor líder de café, cana-de-açúcar, carne bovina, etanol e soja, o país prova também ser uma potência com centenas de *startups*, aceleradoras e incubadoras, muitas das quais são baseadas em IA. Um exemplo disso é a Solinftec, que oferece produtos *software as a service*, por meio de uma plataforma de IA chamada Alice, para ajudar os agricultores a otimizar suas operações para reduzir custos (por exemplo, combustível, fertilizantes e sementes) e impactos ambientais.

Mas as mesmas tecnologias exponenciais que ajudam a enfrentar as mudanças climáticas, alimentar o mundo e eliminar doenças genéticas permitem melhorar os processos de negócios, derivar melhores *insights*, construir produtos mais inteligentes e combater ameaças competitivas. Também podem causar impacto além do alcance de resultados financeiros, como os Objetivos de Desenvolvimento Sustentável da Organização das Nações Unidas (ONU). Mais e mais organizações que empreendem iniciativas de IA estão considerando metas de impacto global que são somadas a objetivos como aumento de receita e economia de custos.

Os consumidores finais de organizações e *startups* baseadas em IA exigem cada vez mais que essas empresas agreguem uma dimensão de benefícios sociais em suas missões. Em última análise, esse caminho permite melhores relações com governos e *stakeholders*; recrutamento; percepção pública; e melhores resultados econômicos.

Nas *startups* especializadas em setores específicos, há uma concentração de empresas oferecendo IA para saúde e biotecnologia. No entanto, o cenário é de distribuição equilibrada no número de *startups* entre os diversos setores. Isso mostra a vitalidade das aplicações de IA e o grande número de aplicações possíveis para esse tipo de inteligência em setores essenciais e economicamente prósperos, como o educacional, o imobiliário e o de risco e preservação ambiental.

Sendo bastante numerosas, as *startups* que oferecem AIaaS e *business intelligence* dominam com folga as funções de IA e representam 65% de todas as aplicações no mercado brasileiro. Há também um número considerável de *startups* especializadas em *chatbots*, programas inteligentes capazes de se comunicar com clientes e usuários de maneira interativa.

Outra característica das *startups* com foco em IA é ter, em sua maioria, até 50 funcionários, o que as caracteriza como pequenos negócios. Essa informação, quando considerada à luz de suas datas de fundação (em sua maioria com até quatro anos), evidencia que é ainda recente o investimento empreendedor em produção de tecnologia.

Não obstante, são empresas que crescem rapidamente, visando a alcançar o *status* de unicórnios Está cada vez maior o clube desse tipo de negócios em IA. Já são mais de 50 empresas que ultrapassam US$ 1 bilhão de valor de mercado – sendo, em sua maioria, americanas ou chinesas. O setor de IA já tem seus decacórnios, negócios avaliados em mais de US$ 10 bilhões: a romena naturalizada estadunidense UiPath, especializada em *softwares* de robotização, e a chinesa Bytedance, mais conhecida por ser a dona do TikTok.

Os Estados Unidos superam outros países no número de unicórnios de IA, seguidos pela China, pelo Reino Unido e por Israel. Os estadunidenses atingiram um valor de mercado combinado de mais de US$ 800 bilhões. Todos os 182 unicórnios ativos de IA totalizam US$ 1,3 trilhão de valor corporativo combinado.

Ante a geração de valor propiciada pela IA, estima-se globalmente um crescimento de até 14% no PIB até 2030, um percentual que equivale a US$ 15,7 trilhões. Esse valor derivaria do ganho de produtividade advindo da automação de processos, ao uso de estratégias *data-driven*, bem como ao aumento da demanda de consumidores por produtos e serviços de IA. Os países que saíram na frente nessa corrida, os Estados Unidos e a China, devem ser os que mais se beneficiarão desse processo, mas ainda existem muitas possibilidades para países e organizações que apostarem no desenvolvimento dessa tecnologia.

## 6.4 Oportunidades que a IA oferece para o ambiente de negócios

Por seu caráter exponencial, a IA é um dos maiores acontecimentos tecnológicos da atualidade, pois está associada a transformações profundas na economia, na cultura e nos demais sistemas que regem a vida em sociedade. É ponto pacífico afirmar a capacidade transformadora desse tipo de inteligência, que é capaz de tornar as economias mais prósperas e participativas, bem como de auxiliar na organização da sociedade. Além disso, é capaz de provocar um impacto positivo extraordinário e dar suporte à resolução de problemas que atrasam muito o desenvolvimento humano no mundo, a exemplo do desperdício de recursos, da poluição, da falta de oportunidades econômicas, entre outros males que se afiguram como os grandes desafios para esse século.

Para que seu uso seja mais preciso, é necessária uma discussão ampla na sociedade sobre o significado, os potenciais, as limitações e, em particular, os riscos associados a essa tecnologia. À medida que as máquinas inteligentes ocupam mais espaço no cotidiano, impactam profundamente os mais diversos setores da economia e se afiguram como uma tecnologia quase onipresente. Vale notar que o conceito de *máquinas inteligentes* não é, necessariamente, oriundo de uma perspectiva otimista: pelo contrário, trata-se de um tema distópico clássico na ficção científica. É comum, pois, a visão de que a IA é antitética com a humanidade. Se a ideia de um apocalipse comandado por máquinas é um exagero, o temor com relação às máquinas é parcialmente justificado pelo que já se observa nas aplicações de IA. Isso é ilustrado pelo enviesamento dos algorítmicos de recomendações em redes sociais e em *sites* de modo geral e pelo fato de as fontes de informações e bases de dados utilizados para treinar os sistemas induzirem as máquinas a reproduzir diversos preconceitos existentes na sociedade. Isso é particularmente alarmante, em vista do aumento da utilização da IA nas áreas de segurança pública, por exemplo, gerando preocupação de que as máquinas potencializem práticas racistas ou antidemocráticas.

Ademais, podemos citar a questão da privacidade sobre os dados pessoais e comportamentais usados para alimentar as bases que treinam essas aplicações, o que tem sido tema de litígio recente em cortes de diversas jurisdições mundo afora. Fala-se, por exemplo, do impacto da automação e do uso da IA sobre os postos de trabalho, agravada pela enorme concentração de capacidade tecnológica em algumas poucas corporações; do risco premente de que regimes autoritários utilizem-se dessas capacidades para possibilitar a criação de uma vigilância permanente sobre os seus cidadãos, colocando em risco a democracia; entre outros pontos que demonstram a necessidade da discussão social para que o progresso tecnológico seja um potencializador do bem comum.

É preciso reconhecer a centralidade da inteligência humana na criação e operacionalização da IA para que essa tecnologia de fato colabore no alcance de objetivos comuns, complementando e aprimorando as capacidades humanas. Para além da discussão filosófica, já se registram iniciativas que, ante a preocupação com o efeito nefasto que o uso da IA pode ter sobre a economia e a sociedade, buscam implementar boas práticas e fomentar a discussão sobre esses temas.

A escalabilidade da tecnologia, capacidade de alcançar mais pessoas, nunca foi tão célere. A título de comparação, o telefone precisou de 50 anos até ser adotado por 50 milhões de usuários; os cartões de crédito, de 28 anos para atingir essa mesma marca; os celulares, 12 anos; e a internet, 7. O jogo Pokemon Go levou apenas 19 dias para alcançar essa marca de 50 milhões de usuários. Em 2017, a Google disponibilizou ao G-mail o sistema Smart Reply, uma ferramenta de aprendizado de máquina que sugere três respostas para *e-mails*, o que significa, na prática, que 1 bilhão de usuários passaram a ter acesso instantâneo a essa nova tecnologia.

Isso posto, uma grande particularidade da IA está na possibilidade de ser integrada a vários setores, em fases diversas de suas operações, cobrindo desde a produção dos bens e a prestação dos serviços até o atendimento ao consumidor e a gestão financeira, entre outras atividades essenciais para o bom funcionamento das organizações. Uma tendência dos negócios relacionada a esse movimento é a personalização das experiências digitais: cada vez mais, usuários querem ter voz quanto aos produtos e serviços que lhes são oferecidos e já não se contentam com experiências massificadas. Nesse sentido, há um grande espaço para uma IA de customização relacional, e não meramente reativa, e que colabore com os usuários na criação de experiências individuais.

Em relação às demais tecnologias, o diferencial da IA e seu importante papel estão relacionados ao fato de trabalhar diretamente com a gestão e análise de dados. Os dados, combinados à capacidade inteligente de análise possibilitada por processos de aprendizado de máquina, estão provando ser o diferencial competitivo do século XXI, o que torna os bancos de dados ativos estratégicos ímpares. Com dados suficientes e de qualidade, pode-se migrar de uma análise descritiva para uma análise preditiva, capaz de recomendar cursos de ação perante problemas nos mais diferentes campos. Enquanto as demais tecnologias de que tratamos gerarem quantidades extraordinárias de dados, elas continuarão dependentes das capacidades de IA para operacionalizar essa massa de dados e possibilitar a tomada de decisão inteligente. Assim, fica evidente que a IA é a a tecnologia capaz de unir os diferentes avanços tecnológicos das últimas décadas e criar a plataforma para que capacidades sejam plenamente aproveitadas, pavimentando o caminho para as inovações vindouras. Hoje, as técnicas de aprendizado de máquina são populares em diversos ambientes especializados; negócios estão buscando técnicas de aprendizado de máquina para ajudá-los a antecipar o futuro e a criar diferenciais competitivos.

Nos próximos anos, é provável que os modelos de aprendizado de máquina sejam incorporados a quase todos os aplicativos e em uma variedade de dispositivos, incluindo dispositivos móveis e *hubs* de internet das coisas. Em muitos casos, os usuários não conseguirão distinguir se estão interagindo com aplicações de aprendizado de máquina ou não.

Dessa maneira, o impacto do *machine learning* em diversos setores será dramático, pois transformará o modo como se fazem as coisas. Por exemplo, hospitais podem usar modelos de aprendizado de máquina para antecipar a taxa de admissão com base nas condições das comunidades. Ainda, os preparativos para atendimento poderão ser planejados conforme as condições meteorológicas, ou ante o surto de uma doença transmissível e outras situações, como grandes eventos ocorrendo na cidade.

Estamos diante dos primeiros modelos de aprendizado de máquina incorporados em soluções empacotadas, como soluções de gestão de clientes e sistemas de gestão de fábricas. Esses sistemas precisam fornecer maior capacidade preditiva para aumentar o valor de seu uso para a organização. E, para superar essas dificuldades, vários fornecedores e mesmo comunidades e bibliotecas de aprendizado de máquina oferecem modelos de dados pré-treinados. Por exemplo, uma empresa pode fornecer centenas de milhares de imagens médicas pré-rotuladas para ajudar os clientes a criar uma aplicação que pode ajudar na triagem médica baseada em imagens e identificar potenciais problemas de saúde.

Outra oportunidade tem relação com o retreino contínuo dos modelos de aprendizagem, a partir do qual efetivamente aprendem. Atualmente, a maioria dos modelos de aprendizado de máquina está *off-line*. Eles são treinados usando dados estáticos e, em seguida, implantados. Dessa forma, não mudam conforme são expostos a mais dados. O problema desses modelos é que presumem que os dados recebidos permanecem bastante consistentes. Assim, nos próximos anos, certamente haverá mais modelos de aprendizado de máquina *on-line* disponíveis para uso. Como esses modelos são constantemente atualizados com novos dados, melhor será sua capacidade de análise preditiva.

Como os modelos e algoritmos que oferecem suporte ao aprendizado de máquina maduro, propvavelmente crescerá a popularidade do aprendizado de máquina como um serviço (MLaaS, do inglês *machine learning as a service*). Esses produtos descrevem uma variedade de recursos de aprendizado de máquina que são fornecidos por meio de nuvem. Fornecedores fornecerão ferramentas como reconhecimento de imagem, reconhecimento de voz, visualização de dados e *deep learning*. Um usuário normalmente carrega dados para nuvem de um fornecedor, e, em seguida, a computação de aprendizado de máquina realiza seu processamento.

Alguns dos desafios de mover grandes conjuntos de dados para a nuvem seguirão prementes e incluirão, além dos custos de rede, riscos de conformidade e governança, mas permitirão às organizações usar suas aplicações de forma imediata e sem custos iniciais de infraestrutura associados à aquisição e ao desenvolvimento de *hardware*. Além disso, o MLaaS abstrai grande parte da complexidade envolvida com aprendizado de máquina. Por exemplo, pode permitir a utilização imediata de processamento de linguagem natural, uma ferramenta usada para interpretar texto ou reconhecimento de imagem para criar um diálogo entre humanos e máquinas. Espera-se que, na próxima década, o PLN amadureça o suficiente para ser a norma para os usuários se comunicarem com os sistemas por meio de uma interface interativa e para permitir que as máquinas produzam informações em linguagem falada compreendida por humanos.

Está em curso era em que *hardware*s sofisticados se tornam acessíveis. Portanto, muitas organizações podem adquirir equipamentos poderosos o suficiente para processar rapidamente algoritmos de aprendizado de máquina. Recursos de automação para seleção de algoritmos são outra oportunidade para o ambiente de negócios. Cientistas de dados geralmente precisam entender como usar dezenas de algoritmos de aprendizado de máquina específicos. Uma variedade de algoritmos pode ser utilizada para diferentes tipos de dados ou diferentes tipos de perguntas a que se está tentando responder. Escolher o algoritmo certo para criar um modelo de aprendizado de máquina nem sempre é fácil: um cientista de dados pode testar vários algoritmos diferentes até encontrar aquele que cria o melhor modelo. Esse processo leva tempo e requer alto grau de especialização. Ao usar a automação, os cientistas de dados são capazes de se concentrar rapidamente em apenas um ou dois algoritmos. Além disso, essa automação ajuda desenvolvedores e analistas com menos experiência de aprendizado de máquina a atuar de maneira mais efetiva.

O estágio nascente é uma era de comercialização de IA, na qual esse tipo de inteligência será adotado um processo de ponta a ponta numa perspectiva de desenvolvimento e operações. Isso inclui a identificação dos dados corretos para resolver um problema complexo, garantindo que eles sejam adequadamente treinados, modelados e continuamente gerenciados. Ao conseguir envolver diferentes tecnologias avançadas, a IA pode processar vários tipos de dados – não estruturados, imagens, voz etc. – que permitem às máquinas sentir, descobrir, compreender, raciocinar, agir e aprender. Essas tecnologias tornam as empresas mais eficientes tendo profissionais porque se dedicam a tarefas de maior valor, com o objetivo de aumentar o valor do negócio. Essa é a grande oportunidade que a IA proporciona ao mundo dos negócios. Atualmente as aplicações de IA concentram-se em três principais domínios:

1. **Estratégico:** uso de modelos avançados para prover melhores *insights*, fornecendo estimativas de mercado, sugerindo volumes de compras e vendas, bem como apoiando a precificação de produtos e serviços.
2. **Pessoas:** aumento da capacidade produtiva laboral, proporcionando respostas mais ágeis e buscas instantâneas de documentos, e executando tarefas numa velocidade nunca antes imaginada.
3. **Processos:** automatização do uso do poder intensivo da tecnologia, proporcionando a execução de atividades e de processos de maneira autônoma, simulando tomada de decisões humanas.

A adoção da IA pode causar certo receio nas pessoas, mas o que já está sendo vivenciado na prática é uma extensão do uso da tecnologia em tarefas executadas por humanos. Algumas atividades estão sendo substituídas ou eliminadas dos processos tradicionais; outras estão sendo criadas.

Podemos citar o aumento da capacidade de inovação proporcionado por essa tecnologia, bem como a necessidade de outros postos de trabalhos, como engenheiro de dados e engenheiro de aprendizagem de máquina. Durante a Revolução Industrial, 200 anos atrás, com o advento da mecanização dos processos, os homens se viram diante dos mesmos receios e das mesmas oportunidades, mas a sociedade testemunhou a evolução da força de trabalho. Não há dúvida de que o mesmo ocorrerá com o uso de IA, que transformará a maneira como as pessoas executam suas atividades no trabalho.

Ao analisar o contexto brasileiro de *startups* especializadas na oferta de soluções de IA, nota-se que todo setor da economia a tecnologia inseriu uma aplicação, englobando atividades de corporações e do Estado. Nesse cenário, o questionamento é se está se formando um novo paradigma tecnológico para a economia, no qual todas as atividades que podem ser digitalizadas e automatizadas o serão muito em breve. Há razões para crer que esse processo pode provocar turbulências sociais consideráveis. Algumas preocupações são a extinção de postos de trabalho e a utilização das capacidades de IA para fins pouco nobres, como a vigilância e o controle antidemocrático da informação. No entanto, esse é um receio de toda tecnologia, que sempre carrega consigo capacidades ambivalentes. Por conta disso, acreditamos que os temores acerca da IA são infundados – o que se deve temer é o mau uso da tecnologia, e não as máquinas em si.

Em um país como o Brasil, onde historicamente há uma grande desigualdade de oportunidades socioeconômicas, infraestrutura deficiente e excesso de burocracia, vislumbramos uma oportunidade dupla no uso da IA: (1) a criação de uma indústria tecnológica de referência, para tornar o país mais competitivo em uma economia global cada vez mais complexa e carente por inovação; e (2) o aumento da eficiência e do volume da economia nacional, fomentando crescimento mercadológico, criando oportunidades de emprego e gerando prosperidade.

# considerações finais

Para evidenciarmos os impactos da inteligência artificial (IA) nas atividades e práticas sociais, esta parte do texto, as Considerações Finais da obra, foi escrita com o uso de recursos de IA. Isso é importante tanto para reconhecer o potencial dessa tecnologia quanto para notar as limitações desse instrumento. Chamamos atenção para as repetições de termos, a circularidade de alguns enunciados e erros. Não obstante, vale observar a apreensão dos conteúdos e o emprego de construções linguísticas comuns em textos acadêmicos.

Buscamos neste livro apresentar para um profissional de administração os principais conceitos e aplicações da IA no ambiente de negócios, desta forma, é importante destacar que, apesar dos avanços e benefícios trazidos pela IA, também existem preocupações com relação aos impactos sociais e éticos de sua utilização. Dessa forma, faz-se necessário continuar debatendo e regulamentando o uso da IA, a fim de garantir seu desenvolvimento responsável e ético.

O capítulo inicial deste livro buscou demonstrar a importância fundamental dos conceitos e aplicações da IA, para que administradores e gestores possam entender seus impactos e se preparar para as mudanças que ela trará ao ambiente de negócios futuro. A IA é uma tecnologia em constante evolução, que demanda constante atualização e preparo para as novas possibilidades que ela oferece. Além disso, é essencial considerar os aspectos éticos e de privacidade relacionados à coleta e uso de dados. É crucial que essas preocupações sejam discutidas e consideradas à medida que essas tecnologias continuam a evoluir.

Em seguida buscou-se demonstrar que com o avanço da tecnologia, a gestão de dados e informações tem se tornado cada vez mais importante para as empresas e organizações. A inteligência artificial é uma ferramenta valiosa para a análise e processamento desses dados, permitindo tomar decisões estratégicas e otimizar processos. É importante destacar que a implementação de algoritmos de inteligência artificial não é uma tarefa simples, requer conhecimento técnico e compreensão do problema a ser resolvido. Além disso, é importante levar em consideração as implicações éticas e legais desses algoritmos, como a privacidade dos dados e a possibilidade de criação de algoritmos discriminatórios.

Diversas são as ferramentas de inteligência artificial disponíveis atualmente e que podem ser aplicadas em vários setores, desde recomendação de produtos até diagnóstico médico. As técnicas de *deep learning*, redes neurais, processamento de linguagem natural, visão computacional, análise de dados e visualização de dados são fundamentais para o avanço da inteligência artificial e sua aplicação nos diversos campos. O livro apresentou uma visão geral dessas técnicas, mostrando como elas podem ser utilizadas para solucionar problemas complexos e criar soluções inovadoras.

No livro discutimos ainda a importância da sociedade da informação e as ferramentas disponíveis para o desenvolvimento de aplicações de inteligência artificial. A IA tem o potencial de transformar muitos aspectos da nossa vida, incluindo a maneira como trabalhamos, nos comunicamos e tomamos decisões. Os capítulos deste livro abordaram desde os conceitos básicos de IA até as técnicas avançadas para o desenvolvimento de aplicações, como aprendizado de máquina, processamento de linguagem natural e visão computacional. Os exemplos dados ilustraram como a IA já está sendo usada em diversos setores, como saúde, medicina, educação, negócios, transporte, finanças e até mesmo na criação de novas formas de vida.

Nos capítulos finais do livro foi possível ver como a inteligência aumentada está cada vez mais se aproximando da inteligência humana, e como a computação cognitiva está se tornando cada vez mais importante para a compreensão da mente humana e como ela funciona. Além disso, foi discutido como as Supermentes podem ser utilizadas para superar os limites humanos e alcançar novos patamares de conhecimento e habilidade.

Ressaltam ainda a importância da Inteligência Artificial (IA) como um meio para o crescimento e desenvolvimento de empresas e indústrias. É notável como as estratégias de uso de aplicações de IA são fundamentais para a competitividade e inovação das *startups*, tanto no cenário brasileiro quanto internacional. Importante destacar que o marco legal brasileiro para as *startups* é cada vez mais amigável, o que possibilita o surgimento de novas empresas e a ampliação do mercado. Além disso, o cenário internacional de aplicações de IA está em constante evolução, o que torna ainda mais importante estar atento às tendências e inovações nessa área.

É necessário que as empresas e indústrias estejam preparadas para aproveitar as oportunidades de negócios que a IA oferece. Isso inclui investir em pesquisa e desenvolvimento, além de capacitar e preparar sua equipe para lidar com as tecnologias da IA.

Em suma, este livro buscou apresentar as estratégias de uso de aplicações de IA, como pode ser utilizada para melhorar a eficiência, automatizar tarefas repetitivas, tomar decisões melhores e fornecer *insights* valiosos a partir de dados. No entanto, é importante lembrar que a IA não é uma solução mágica e deve ser usada em conjunto com outras estratégias de negócios. Além disso, é essencial garantir a privacidade e segurança dos dados, bem como mitigar riscos de desemprego devido à automação. Em resumo, a inteligência artificial é uma ferramenta poderosa que pode ser usada para melhorar os negócios, mas deve ser usada com sabedoria e considerando seus possíveis impactos.

Além disso, é importante destacar que a IA é uma tecnologia em rápida evolução e que as empresas precisam estar atentas às novas tendências e desenvolvimentos para se manterem competitivas. Por fim, é importante enfatizar que a implementação bem-sucedida da IA requer uma abordagem estratégica e uma equipe multidisciplinar, incluindo especialistas em negócios, tecnologia e dados.

Em conclusão, este livro buscou apresentar os conceitos fundamentais da Inteligência Artificial, sua história, contexto e aplicações atuais. Foi possível ver como a IA tem se desenvolvido ao longo do tempo e como tem sido aplicada em diversos campos, desde a medicina até a indústria automotiva.

# lista de siglas

| | |
|---|---|
| AIaaS | *artificial intelligence as a service* (inteligência artificial como um serviço) |
| Anvisa | Agência Nacional de Vigilância Sanitária |
| BC | Banco Central |
| CNPJ | Cadastro Nacional de Pessoa Jurídica |
| Fapesp | Fundação de Amparo à Pesquisa do Estado de São Paulo |
| IA | inteligência artificial |
| IBM | International Business Machines |
| IDC | International Data Corporation |
| IPA | Interface de Programação de Aplicação (API – do inglês, *Application Programming Interface* |
| LGPD | Lei Geral de Proteção de Dados |
| MIT | Massachussets Institute of Technology |
| ML | *machine learning* |
| MLaS | *machine learning as a servisse* (aprendizado de máquina como um serviço) |

| | | |
|---|---|---|
| OCDE | Organização para a Cooperação e Desenvolvimento Econômico |
| ONU | Organização das Nações Unidas |
| PIB | Produto Interno Bruto |
| PLN | Processamento de Linguagem Natural |
| SQL | Structured Query Language (linguagem de consulta estruturada) |
| USP | Universidade de São Paulo |

# referências

ARTIFICIAL intelligence. 2023. Disponível em: <https://intelligence.weforum.org/topics/a1Gb0000000pTDREA2?utm_source=Weforum&utm_medium=Topic+page+TheBigPicture&utm_campaign=Weforum_Topicpage_UTMs>. Acesso em: 6 abr. 2023.

ASHBY, W. R. **An Introduction to cybernetics**. London: Champman & Hall, 1956.

BOSTROM, N. **Superinteligência**: caminhos, perigos e estratégias para um novo mundo. Rio de Janeiro: DarkSide Books, 2014.

BRASIL. Lei Complementar n. 182, de 1º de junho de 2021. **Diário Oficial da União**, Poder Executivo, Brasília, DF, 2 jun. 2021. Disponível em: <https://www.planalto.gov.br/ccivil_03/leis/lcp/lcp182.htm>. Acesso em: 9 abr. 2023.

BRASIL. Lei n. 13.709, de 14 de agosto de 2018. **Diário Oficial da União**, Poder Executivo, Brasília, DF, 15 ago. 2018. Disponível em: <https://www.planalto.gov.br/ccivil_03/_ato2015-2018/2018/lei/l13709.htm>. Acesso em: 4 abr. 2023.

BROWN, T. **Design thinking**: uma metodologia poderosa para decretar o fim das velhas ideias. Rio de Janeiro: Elsevier, 2010.

CHUI, M. et al. Notes from the AI Frontier: Applications and value of Deep Learning. **Mckinsey & Company**, 17 Apr. 2018. Disponível em: <https://www.mckinsey.com/featured-insights/artificial-intelligence/notes-from-the-ai-frontier-applications-and-value-of-deep-learning>. Acesso em: 3 abr. 2023.

DAVENPORT, T. H.; RONANKI, R. Artificial intelligence for the real world. **Harvard Business Review**, Brighton, v. 96, n. 1, p. 106-108, 2018.

DISTRITO. **Inteligencia Artificial Report**. 2021. Disponível em: <https://materiais.distrito.me/mr/inteligencia-artificial>. Acesso em: 9 abr. 2023.

ENGELBART, D. **Augmenting human intellect**: a conceptual framework. Stanford Research Institute, 1962.

EXPOSTO à internet, robô da Microsoft vira racista em 1 dia. **Veja**, 24 mar. 2016. Disponível em: <https://veja.abril.com.br/tecnologia/exposto-a-internet-robo-da-microsoft-vira-racista-em-1-dia/>. Acesso em: 6 abr. 2023.

FREUND, J. E.; SIMON, G. A. **Estatística aplicada**. 9. ed. Porto Alegre: Bookman, 2000.

FROTA, M. N.; FROTA, M. H. A. **Acesso à informação**: estratégia para a competitividade. Brasília: CNPQ/IBICT, FBB, 1994.

GUIA para inteligência artificial. 2016. Disponível em: <https://www.xper.social/single-post/guia-para-intelig%C3%AAncia-artificial-1>. Acesso em: 6 abr. 2023.

HOLMES, F. AI will add $15 trillion to the world economy by 2030. **Forbes**, 25 fev. 2019. Disponível em: <https://www.forbes.com/sites/greatspeculations/2019/02/25/ai-will-add-15-trillion-to-the-world-economy-by-2030/?sh=cdfd411852db>. Acesso em: 3 abr. 2023.

IDC – International Data Corporation. **Predictions Brazil 2021**. 2021. Disponível em: <https://www.idclatin.com/2021/events/02_04_br/ppt.pdf>. Acesso em: 9 abr. 2023.

LICKLIDER, J. C. R. Man-computer symbiosis. **IRE Transactions on Human Factors in Electronics**, v. 1, p. 4-11, mar. 1960.

MALONE, T. **Superminds**: the surprising power of people and computers thinking together. Boston: Little, Brown Spark, 2018.

O PANORAMA do empreendedorismo com IA na América Latina. **Channel 360°**. 26 fev. 2021. Disponível em: <https://www.channel360.com.br/o-panorama-do-empreendedorismo-com-ia-na-america-latina/>. Acesso em: 9 abr. 2023.

OLIVEIRA, A. C. S. de et al. Aplicação de redes neurais artificiais na previsão da produção de álcool. **Ciência e Agrotecnologia**, Lavras, v. 4, n. 2, p. 279-284, mar./abr. 2010. Disponível em: <https://www.scielo.br/j/cagro/a/HWFRGpHsMrQkShH8WDXggbM/?format=pdf&lang=pt>. Acesso em: 4 abr. 2023.

OSTERWALDER, A.; PIGNEUR, Y. **Business model generation**: a handbook for visionaries, game changers, and challengers. Alta Books, 2010.

PWC. **Sizing the prize**: What's the real value of AI for your business and how can you capitalise? 2017. Disponível em: <https://www.pwc.com/gx/en/issues/analytics/assets/pwc-ai-analysis-sizing-the-prize-report.pdf>. Acesso em: 3 abr. 2023.

QUANTUM BLACK **The state of AI in 2021**. Dec. 8th 2021. Disponível em: <https://www.mckinsey.com/capabilities/quantumblack/our-insights/global-survey-the-state-of-ai-in-2021>. Acesso em: 8 abr. 2023.

REUTERS. IBM encerra área de pesquisa em reconhecimento facial e pede reforma da polícia. **G1**, 9 jun. 2020. Economia. Disponível em: <https://g1.globo.com/economia/tecnologia/noticia/2020/06/09/ibm-encerra-area-de-pesquisa-em-reconhecimento-facial-e-pede-reforma-da-policia.ghtml>. Acesso em: 6 abr. 2023.

TARAPANOFF, K. **Inteligência, informação e conhecimento em corporações**. Brasília: IBICT/UNESCO, 2006.

# sobre os autores

**Marcio José das Flores** é mestre em Administração pela Universidade Federal do Paraná (UFPR), tem vasta experiência nas áreas de gestão de projetos de tecnologia e especial interesse em aplicações de *data analytics*, *machine learning* e inteligência artificial. Atualmente, é gerente de *compliance* de uma instituição bancária.

**Alexandre Leal Bess** é mestre em Modelagem Matemática em Finanças pela Universidade de São Paulo (USP), também foi aluno do MIT em curso de *Big Data*. Após anos trabalhando em instituições financeiras e em consultorias internacionais, tem auxiliado *startups* em assuntos relacionados à modelagem quantitativa. É CEO de empresa que aplica intensivamente modelos, robôs e inteligência artificial para aumentar a produtividade de usuários ao lidarem com regulações.

Impressão:
Abril/2023